昭和の名騎手

江面弘也

三賢社

はじめに

本書の執筆中に郷原洋行さんが亡くなった。二〇二〇年一月三十一日、七十六歳だった。「剛腕」という愛称のイメージとは違って、おだやかな人柄はよく知られていた。ニッポーテイオーやウィナーズサークルなどの取材でお世話になったが、一競馬ファンとして印象に残るのはオペックホースのダービーであり、グレートセイカンやニッポーキング、プレストウコウなどを思いだす。ハイセイコー時代のファンにとってはなんといってもイチフジイサミだろうし、大先輩諸氏からはリユウズキ、シエスキイ、クリシバという名前があがるだろうか。昭和の偉大な騎手に、あらためて、合掌。

本書のなかでも触れているが、郷原さんは日本騎手クラブ会の会長として騎手界の環境整備に力を注いでいた。ちょうどフリーになる騎手が増えていた時期で、厩舎の事情でフリーとならざるを得ない騎手たちがいる状況を危惧していたのを思いだす。

郷原さんが活躍していた時代はほぼすべての騎手が厩舎に所属していた。競馬社会は伝統芸能や職人の世界のような徒弟制度で成り立っていて、騎手にとって師匠となる調教師は絶対であると同時に親のような存在でもあった。

ところが、年号が昭和から平成にかわり、九〇年代になると騎手のフリー化が進み、二〇〇〇年代以降は厩舎に所属している騎手のほうがめずらしくなった。一九八二年に設立されたＪＲＡ競馬学校の卒業生たちは調教師に弟子入りするのではなく、競馬学校から配属された厩舎に所属する形にかわっていく。大手のクラブ法人などビジネスライクな馬主が多くなった現在では、調教師はレースに起用しながら騎手を育てていくのがむずかしくなり、競馬学校では騎手候補生を受け入れてくれる厩舎を探すのにも苦慮しているという。

旧態依然とした徒弟制度が時代に合わなくなっていたのはたしかであり、エージェントも認められたことで（予想紙の記者などが務めているのは、「公正競馬」を標榜するＪＲＡとしては如何なものか）、フリー騎手は騎乗馬を確保しやすくなった。その反面、有力馬にはトップジョッキーや短期免許で来日する外国人ジョッキーがかわるがわる騎乗し、なかには外国人しか乗っていないトップホースもいるほどだ。郷原さんが憂慮していたように、デビューして数年でフリーになった騎手が、騎乗機会に恵まれないまま引退していくケースもすくなくない。

かつて、コダマやシンザンで知られる武田文吾調教師は栗田勝、福永洋一という名騎手を育て、四人の弟子（栗田勝、山本正司、安田伊佐夫、松本善登）がダービージョッキーとなった。一門は〝武文一家〟と呼ばれ、その系譜は松永幹夫や角田晃一、池添謙一につながっていく。競馬人はよく「馬づくりは人づくり」と言うが、将来の競馬を考えれば、「人づくり」は調教師の責務でもあるのだ。郷原さんの訃報に接してそんなことを考えた。

本書では往年の名騎手三十人の騎手人生を追っている。ベテランのファンにはなつかしい顔ぶれだろうと思う。平成になっても活躍していた人も多いが、「師匠」とか「弟子」ということばが頻繁にでてくるように、文字どおりの「昭和の名騎手」たちである。

しかし、残念ながら、「古き良き」とは言いきれないところもある。素人のわたしが見ても、騎乗技術はいまの騎手たちのほうが断然上だと思うからだ。しかも、昭和の競馬は荒かった。一九八七年に欧米の一流騎手が集まってワールドスーパージョッキーズがはじまったときには、馬群がばらけることなく、タイトできびしいレースを目の当たりにして驚いた記憶があるが、つねに世界レベルのジョッキーと一緒に乗っている現在の騎手はそういうレースが普通にできている。

それでも、昭和の騎手たちには強い個性があった。競馬のレベルは低く、技術やスマートさでは劣っても、レースにはスリルがあり、驚きがあった。昭和には日本競馬の礎となった大騎手がいた。世界をめざした先駆者もいる。「天才」も「名人」も「闘将」も「鉄人」も「仕事人」もいる。大胆な騎乗でファンを沸かせた穴男がいれば、頑なに自分の乗り方を貫いた人もいる。酒にまつわる武勇伝は数えきれない——。

いくらかのなつかしさに浸りながら原稿を書いていると、騎手と馬が対になって記憶が甦ってくる。もしかしたらそれは、乗り替わりが日常茶飯事となった現在の競馬では薄くなりつつある、昭和競馬の魅力なのかもしれない、とも思った。本書はそれぞれの騎手人生を追ったことで、騎乗した馬たちについてはくわしく触れられなかったが、名騎手たちが乗っていた馬の多くは『名馬を読む』『名馬を読む2』に書いてきたし、これから書く馬もいると思う。

なお、本文中のレース名については当時のものとし、馬の年齢は現在の満年齢で統一した。レース名と年齢が合わない箇所もあるが、ご容赦願いたい。また、本文中に登場する方々の敬称は略させていただいた。

昭和の名騎手◉目次

II

III

JOCKEY
I

渡辺正人

「ナベ正」は名解説者

1

〝ナベ正（しょう）〟こと渡辺正人（まさんど）。関東のオールドファンにはなつかしい名前である。もう四十年以上前になるが、東京12チャンネル（テレビ東京）の競馬中継で解説をしていた渡辺は、親しみのある風貌と東京弁の軽妙なしゃべり、そして独特の騎乗論と歯に衣着せない批評で人気を博した評論家だった。予想はお世辞にもうまいとはいえなかったが、〝ナベ正節〟をたのしみにテレビを見るファンも多かった。

そんな渡辺を語る格好のエピソードとして知られるのが、第一回ジャパンカップにアメリカの大騎手ウィリー・シューメーカーが来日したときのことである。土曜日のレースでシューメーカーが乗った馬が負けると、渡辺は「シューメーカーなんてへたくそだ」

と両断してしまったのだ。いまならばインターネット上で炎上しそうな発言だが、渡辺の人徳なのか、当時のファンがおとなだったのか、いかにも〝ナベ正〟らしい批評だと、笑いのなかで受け入れられたのである。

どうしてもテレビの名物解説者としての印象が強い渡辺だが、騎手時代は、皐月賞を三連覇するなど競馬史に名前を残す名手であった。ただし、「口八丁手八丁」の、かなり個性的な名ジョッキーとして。

渡辺正人は一九一六年一月一日、東京・新橋にうまれた。祖父は装蹄師で、父は獣医師という裕福な家庭で育った渡辺は、父のあとを継ぐために旧制日大中学（現日大一高）を二年で修業し、麻布獣医畜産学校（麻布大学の前身）に進学させられる。

しかし、祖父の影響があったのか、馬が好きだった渡辺は馬術部にはいり、一年の夏休みに目黒競馬場（東京競馬倶楽部）の厩舎で手伝いをしたことがきっかけで、競馬の社会に興味をもつようになった。そして、二年のときに父と一緒に横浜の根岸競馬場（日本レース倶楽部）で競馬を観戦した渡辺は、あぶみを短くした騎乗スタイルであざやかに逃げきった中村一雄の格好良さにいっぺんで魅了される。競馬のあと厩舎で中村に会った渡辺は、そのときのことをこんなふうに述懐している。

〈この時に私の運命が決った。私の憧れ、中村一雄その人こそ私の師匠であり他に何もない、ただ一筋にこの師につこうと決心したのである。〉（『優駿』一九六三年四月号「騎乗考」）

一九三一年、渡辺は兵庫県の鳴尾競馬場（阪神競馬倶楽部）にあった中村一雄厩舎にはいる。当時、中村は調教師と騎手を兼ねていた。その後、中村厩舎の分場が目黒競馬場にできたのを機に渡辺は東京に戻っている。

デビューは一九三三年十月十四日、根岸競馬場の障害レースで十八頭立ての十着だった。この年は六戦一勝に終わったが、初勝利は単勝が一枚（二十円）しか売れていなかった馬で勝ったもので、バリヤーが上がるとすぐに先頭にたって、そのまま逃げきっている。師匠の中村はスタートのうまさでは日本一と定評があった男で、渡辺はいつも「スタートでは、たとえ鼻ひとつでも相手より先にでろ」と教えられていたという。

渡辺が一人前の騎手として馬に乗せてもらえるようになるのは三年めからで、六年めの一九三八年には三十一勝をあげている。しかし、中村譲りのスタートのうまさで勝ち星を重ね、トップジョッキーにのぼりつめようとしていた渡辺もまた、戦争によって遠回りをすることになる。

一九四一年秋、太平洋戦争が勃発する直前、渡辺にも召集令状が届く。戦地に赴いた渡辺は、一年ほどの捕虜生活を経験しながらもなんとか生き延び、競馬が再開する一九四六年になって復員している。

ところが、競馬場に戻ってきても、そこには中村厩舎はなかった。競馬人として一流であった一方で、私生活はそれにも増して派手だった中村は、先の見えない競馬に見切りをつけて事業家へと転身してしまったのだ。

このとき、兄弟弟子たちは別の厩舎に移って騎手活動をしていたが、中村に憧れ、「ただ一筋にこの師につこう」と、こころに決めていた渡辺は、どこの厩舎にも所属しないまま騎手免許を受けた。いまでいうフリー騎手だが、徒弟制度によって成り立っていた当時の厩舎社会では、フリーランスで生きるのは無謀としかいいようのない選択だった。

渡辺が競馬評論家になってから書いた『ナベ正の競馬戦術』によると、復帰当初は乗る馬もほとんどなく、一頭の馬を三人の騎手で分け合って乗ったこともあったという。実際に競馬が再開してからの三年間で乗せてもらえた馬はのべ七十四頭（十勝）でしかない。さすがの渡辺も「あれでよくめしが食えたなと思います」と記している。

厩舎もなく、騎乗する馬もいない状態で再スタートをきった渡辺は、しばらく不遇の時代がつづいた。しかし、もともと腕も口も達者な男は調教師や馬主に直談判してすこしずつ騎乗馬を増やしていった。

競馬再開五年めの一九五〇年には十九勝をあげ、はじめての重賞勝ちもおさめている。前年創設された読売楯争奪アラブ東西対抗・春（のちの読売カップ、一九七三年廃止）をミキノヒカリで勝つと、秋にはコマミノルでオークスを制している。千六百メートルのレコードをもっていた快速牝馬をあえて後方に抑えてレースを進め、追い込んで勝つという、巧みな騎乗での優勝だった。

さらに翌年はミツタエで中山大障害・秋を制すると、一九五二年には生涯最多となる四十八勝をマーク、勝利数では関東でトップの二本柳俊夫に二勝およばなかったが、ミツハタで天皇賞・春など三つの重賞に勝っている。

騎乗数や勝ち星に限っていえば、渡辺がもっとも活躍したのは一九五〇年代にはいってからの五、六年だった。そのころの『騎手名鑑』を見ると、渡辺はこんなふうに評されている。

〈騎手仲間切っての理論家であり弁論家でもある。技術家をもって自ら任じ、常に錬磨と研究を怠らない。叩かないで見せるだけの鞭の使い方は独特なもので、レース面の掛引きも巧妙でソツがなく、逃げ追い共に巧みなベテラン中のベテランである。〉

理論家で弁論家というのは、引退後にテレビの名物解説者として人気者になった〝ナベ正〟につながるものがある。また、「独特」と書かれている「叩かないで見せるだけの鞭の使い方」というのは、いわゆる「見せ鞭」と呼ばれる技術である。

渡辺は騎手を引退したあと『優駿』（一九六三年十二月号）に「若い騎手たちのために」という長い論文を寄稿している。それを読むと、「馬を叩いて走らせるのはへたな騎手である」というイギリスの名ジョッキーのことばは騎手への教訓だとする渡辺は、師匠の中村をはじめとする先輩騎手から「鞭を使うのはいよいよ最後のときだけだ」と教えられ、鞭を使わないで馬を走らせるにはどうすればいいか考えていたという。そして、息子から「ぼくが悪いことをしたときには、そういうことをするとぶつよ、と言ってくれればわかるよ」と言われたことをヒントにして見せ鞭を思いついたのだと書いている。

息子のことばから見せ鞭を考えたというのは〝ナベ正〟一流の脚色という気がしないでもないが、「鞭を使わないで馬を走らせること」をずっと研究していた渡辺は、コマミノルのオークスではじめて見せ鞭を実践して勝ち、それから見せ鞭は渡辺の看板となった。

しかし、見せ鞭を考案するなど、研究熱心で、技術の鍛錬も怠らなかった渡辺も、四十歳を過ぎると騎乗馬は減っていた。同世代の騎手も次々に引退し、調教師に転身していく。それでも馬に乗りつづけた渡辺は、ここから歴史に残る偉業を成し遂げる。騎手・渡辺正人の代名詞ともなる「皐月賞三連覇」である。しかもすべてが関西馬。フリーの騎手だったからこそできた記録だった。

当時の関西馬が皐月賞、ダービーをめざすのは、現在の香港に行くよりも時間を必要とする遠征であり、長期滞在になるために関東の騎手が騎乗依頼されることも多かった。そんなときに白羽の矢が立ったのが関東のベテランで、フリー騎手の渡辺である。

三連覇のはじまりは一九五八年のタイセイホープ。関東のトップジョッキーはすでに決まった馬がいて、渡辺に依頼が回ってきたのだ。このとき馬主の浅野国次郎が「渡辺っていうのはよく知らないんだが、大丈夫なのか」と不安に思っていると聞いた渡辺は、浅野のもとに押しかけて「信頼してもらえないなら降ろしてもらいます」と断りを入れている。ところが、おもしろいもので浅野は渡辺の勝ち気な性格を気に入り、翌年もまたおなじ星川泉士厩舎のウイルデイールの騎乗を依頼する。これで皐月賞二連勝である。

そして三勝めは渡辺をかわいがってくれていた関西の名調教師、武田文吾がうんだ名馬コダマである。主戦の栗田勝が足のけがで騎乗できず、栗田のけがが治るまでという約束で渡辺が騎乗したのだった。

四十二歳から四十四歳で皐月賞を三連勝した渡辺だが、騎乗馬は極端にすくなくなっていた。ウイルデイールで勝った年は七十一戦十一勝、コダマの年は四十八戦十勝という成績である。そんな状況のなかで皐月賞を三連覇したのだから驚きとしか表現しようがない。

四十七歳になった一九六三年、渡辺は騎手を引退し、競馬評論家に転身した。通算二千五百四十四戦四百四十勝。重賞十九勝、うち八大レース（クラシック、天皇賞、有馬記念）に五勝。歴代の名ジョッキーのなかでは小さな数字だが、勝率の一割七分三厘は、徒弟制度が厳然として存在した時代にフリーとして生きた騎手が残したものだと思うと、驚異的な数字である。そしてそれは、有力馬が順番にまわってくる現在のトップジョッキーと比べると、よりいっそう輝いて見える。

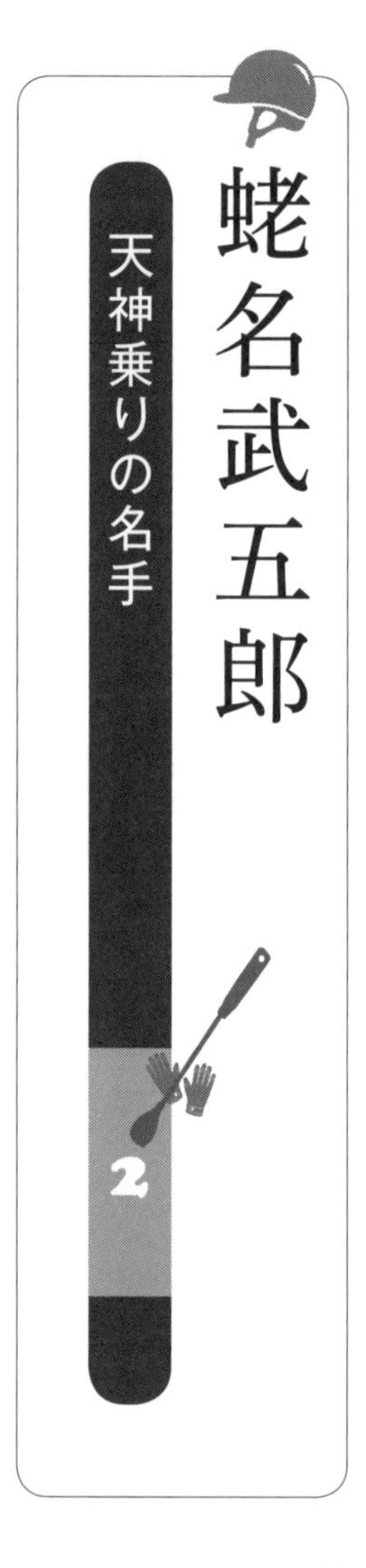

蛯名武五郎

天神乗りの名手

2

三十人の騎手のなかでただひとり生前を知らない人である。一九一八年四月二十三日うまれの蛯名武五郎は渡辺正人の二歳年下だが、一九六一年に騎手を引退して調教師に転じ、一九七〇年八月五日に五十二歳で亡くなっている。

それゆえに、蛯名武五郎ときいてすぐに思いうかぶのは、第一回の有馬記念の優勝馬で、顕彰馬にも選ばれたメイヂヒカリぐらいである。のちに三冠馬シンザンが現れ、調教師の武田文吾が二冠馬のコダマと比較して「コダマは剃刀、シンザンは鉈の切れ味」と表現したのを受けて、調教師になっていた蛯名が「メイヂヒカリは日本刀の斬れ味」と語ったというのは有名な話だ。

いまでは現役時代の蛯名を知る人もすくなくなったが、戦前の帝国競馬会、日本競馬会から戦後の国営競馬、中央競馬まで通算勝利数は八百六十四を数え、日本競馬ではじめて八百勝を達成した騎手でもある。メイヂヒカリをはじめボストニアン、ヒカルメイジなど戦後の復興期に活躍した名馬たちの手綱をとり、「天神乗りの名手」と謳われた蛯名の騎手人生を、著書『騎手からみた競馬必勝法』（一九六二年刊）などをもとにたどっていく。

蛯名武五郎は青森県上北郡浦野舘村（のちに上北町と名称変更。現東北町）にうまれた。柴田政人、柴田善臣、佐々木竹見（公営南関東・川崎競馬場）らは同郷の後輩ということになる。家は農家だったが、馬も数頭飼っていた。「馬が好きで好きで、どうにもならず騎手になった」という蛯名は、小学生のときから馬に乗って遊んでいたという。

十五歳になった一九三三年、蛯名はおなじ浦野舘村出身の蛯名信三郎という呉服屋の紹介で八戸の大下金蔵に弟子入りする。大下は青森では名前の知られた馬商だったが、自分で育成調教した馬を競馬に使っていた。大下のもとで馬乗りとしての基本的な技術を学び、青森の地方競馬の騎手になった蛯名は「大下さんのもとでも相当いい成績をあげることができた」という。

そんな蛯名に目をつけたのが東京競馬場の藤本冨良調教師である。当時、藤本は高千穂製紙社長・大川義雄の〝お抱え調教師〟で、大川が東京・府中に持っていた厩舎の管理も任されていた。大川は青森に大平牧場（現タイヘイ牧場）を所有していて、たびたび青森にきていた藤本は大下とも親しくしていた。蛯名の騎乗ぶりを見た藤本は、このまま青森で乗っていてはもったいないと思い、移籍話をもちかける。大下にすれば、だいじな騎手がいなくなるのは痛手だったが、蛯名の将来を考えて、藤本に預けることにする。そのときのことを蛯名はこんなふうに書いている。

〈「お前は地方にいてもしょうがない。東京に行けば大川さんという人が馬もたくさんもっているし、藤本調教師もいる。東京に出てみないか」といわれて上京の決心をした。〉

一九三六年の秋。十八歳の蛯名は藤本厩舎の所属騎手となった。藤本の一番弟子ということになる。

一年めは二勝で、函館と東京で障害レースに勝った。二年めも三勝だったが、三年めは十三勝、四年めには三十三勝と、順調にステップアップしていた。このころは若手騎手が障害に乗ることが多かったこともあるが、大川義雄から「蛯名は障害にまわせ」と言われるほど障害レースでの騎乗は定評があった。

しかし、大陸で支那事変がおきると、蛯名も兵役に服している。

〈二年間兵隊にもいったが、運よく騎兵にもなれた。昭和十四年の七月から、十六年の秋まで、北支で、実際の戦闘にも加わった。（中略）私たち北支の部隊は、運よく大東亜戦争の始まる前に、召集解除になって帰ってこられた。〉

ただ、成績をみると、三十三勝したのは七月に召集されたはずの一九三九年で、一九四〇年（三十八戦六勝）と四一年（十戦二勝）も数はすくないながら競馬に乗っているのである。ここから推測すると、蛯名が召集されたのは四〇年から一年間で、四一年十二月に太平洋戦争がはじまる前に兵役を解かれて競馬場に戻ったのだと思われる。

戦争の激化によって馬も人もすくなくなっていた一九四三年、蛯名は六十三勝をあげる活躍をみせたが、翌年は観客のいない「能力検定競走」となり、四五年には競馬そのものが中止となった。

戦争が終わって競馬が再開すると、蛯名武五郎の大活躍がはじまる。

一九四八年。日本競馬会から国営競馬になったこの年、三十歳になった蛯名はヒデヒカリで皐月賞に勝っている。藤本厩舎もはじめてのクラシックだった。さらに蛯名は、この年の春季競馬から翌四九年の秋季競馬まで、四季連続で最多勝騎手にもなっている。障害に乗るのも四八年でやめて、平地専門になった。最後の障害は中山アラブ大障害というレースで、六頭中五頭が落馬するアクシデントがあり、ただ一頭完走した蛯名のラッキーバラッケーが優勝したという。

一九五三年には関西馬（京都・増本勇厩舎）のボストニアンで皐月賞、ダービーを制している。蛯名によれば、ボストニアンは関西から遠征してきたなかでもっとも評価が低く、依頼を受けた騎手が断ったために、たまたまクラシックで乗る馬がいなかった蛯名にまわってきたのだという。中山のオープンを勝って臨んだ皐月賞を七番人気で勝つと、NHK杯では皐月賞二着のハクリヨウに三馬身半差、一番人気になったダービーもダイサンホウシユウに二馬身差をつける完勝だった。しかし、三冠がかかった菊花賞は地元京都の佐藤勇が乗って二着に終わっている。ちなみに、蛯名がボストニアンに乗ったのは三歳春の四戦と、四歳秋の毎日王冠（四着）だけである。

国営競馬から日本中央競馬会に移行した一九五四年、蛯名は七十勝をあげて全国リーディングジョッキーに輝いた。この年は藤本厩舎も絶好調で、尾形藤吉厩舎の百三勝に次ぐ八十八勝をあげ、ゴールデンウエーブでダービーにも勝っている。しかし、騎手は岩下密政で、蛯名が乗っていたのは十四着のトキノメイヂだった。

トキノメイヂの馬主は明治座の社長で、新田新作といった。戦前は博徒としてならした新田は、戦後になって新田建設をおこすと、空襲で焼失した明治座の再建を請け負い、そのまま社長におさまっていた。力道山の後見人としても知られた人物である。戦前から藤本厩舎を支えてきた大川義雄は財閥解体によって牧場も馬も失ってしまったが、大川の息子で、のちに競馬評論家となる大川慶次郎が新田の競馬秘書をしていたことで、藤本が新田の馬を預かるようになっていたのだ。新田は藤本厩舎の有力スポンサーとなり、主戦騎手も蛯名が務めていた。

そのために蛯名はゴールデンウエーブのダービーには乗れなかったが、秋になると騎手人生で最高の名馬に出会う。メイヂヒカリ。新田新作の馬である。

のちに蛯名が「日本刀の斬れ味」と言うことになるメイヂヒカリは、三歳の春はけがで皐月賞とダービーにはでられなかったが、菊花賞ではダービー馬オートキツに十馬身の差をつけて独走し、四歳になると天皇賞・春と第一回有馬記念（中山グランプリ）に勝って年度代表馬にも選ばれている。

このころの蛯名は毎年のようにクラシックの有力馬に跨（またが）っていた。メイヂヒカリの翌年にはヘキラクで皐月賞に勝ち、一九五七年には新田のヒカルメイジでダービーに勝った。この年は生涯最高となる七十三勝をマークしている（騎手成績では全国三位）。

一九五八年にはカツラシユウホウで三冠二着というめずらしい記録を残している。相手が強くても弱くても、いつも二着に負けてしまうのが恥ずかしかった蛯名は、最後は「だれか乗ってくれないか」と頼んだという。実際、最後の二戦は弟弟子の奈良忠広が乗って、ともに二着だった。

昭和三十年代のはじめは藤本厩舎の最盛期で、関東では尾形藤吉厩舎と並び称される大厩舎となっていた。尾形厩舎のエースが保田隆芳ならば、藤本厩舎のエースが蛯名武五郎である。蛯名の二歳年下の保田は一九五九年のハクチカラのアメリカ遠征で覚えたモンキー乗り（あぶみを短くして前傾姿勢で乗る）を日本に広めたことで有名だが、蛯名は対照的に「天神乗りの名人」と評された。

天神乗りはあぶみを長くして、背筋を伸ばして乗るスタイルで、見た目はよくない。しかし蛯名は、スターティングゲートが導入されて逃げ先行が多くなった時代にはモンキー乗りのほうが馬を走らせやすいとしながら、「馬を御しやすく、癖のある馬でも自由にあやつれる」天神乗りは、追い込みが多かったむかしの競馬には合っていたと言う。

〈昔のレースというのは、おしまいが肝腎だった。わっと一かたまりになってくる。そういうときには、騎手の追い方が非常にものをいったのである。それで天神乗りが脚光を浴びていたのではないかと思う。〉

一九五九年。キヨタケで桜花賞（これが唯一の牝馬クラシックになった）に勝った蛯名は、四月十九日に史上はじめて八百勝を達成している。「八百勝騎手」は大きな話題となり、『週刊朝日』（五月十七日号）ではグラビア五ページをつかって蛯名を紹介している。そのなかで蛯名は「ここ二、三年のうちに千勝を記録するのが念願」と語っていた。しかし、四十歳を過ぎたあたりから減量に苦しむようになり、一九六一年に騎手引退を決意する。モンキー乗りの保田隆芳が千勝を達成したのは、その二年後のことだった。

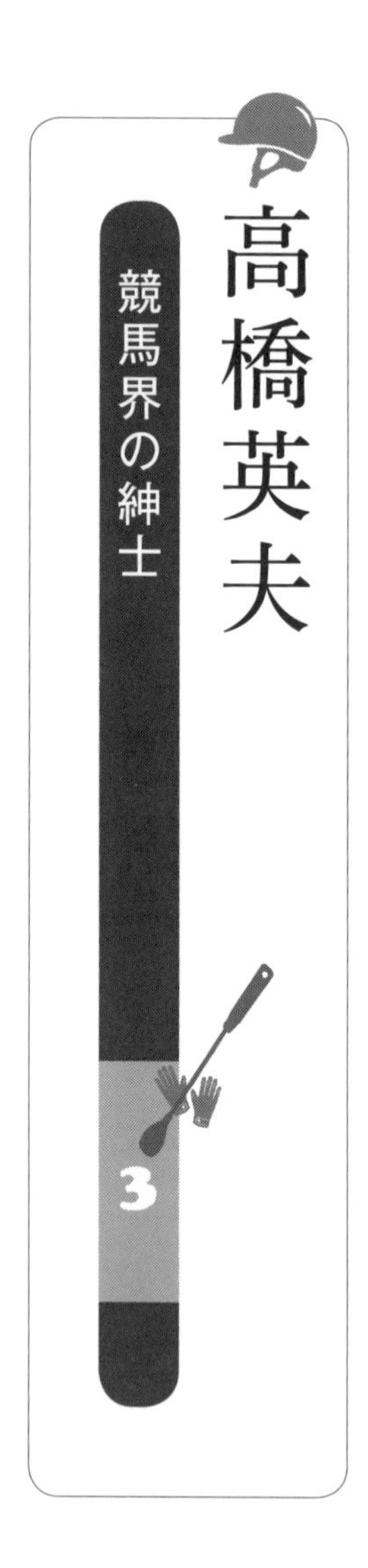

高橋英夫

競馬界の紳士

3

騎手時代の高橋英夫について書かれた一本の記事がある。独創的なスポーツ評論で知られた作家の虫明亜呂無が『優駿』に連載していた「騎手をたずねて」（一九六七年五月号）である。

記事が書かれたのは高橋が四十八歳のときで、騎手を引退する一年前のことだが、読んでいてとくに興味を覚えたのは、冒頭で虫明が高橋の人となりについて書いているところである。その一部を引用する。

〈あの「厩舎人」特有のくささが、高橋英夫には、すこしもなかった。むしろ、なさすぎて、透明で、かえって、彼に話しかけるこちらの方で、特別に気をくばらねばならないと考えさせたほどである。それから、スポーツ選手が、とりわけ、才能と資質のない選手だけが印でおしたように共通してもっている思いあがった粗暴さと、横柄さと、世間しらずのうぬぼれさかげんが、ひとかけらもなかった。と、いって、妙に相手の気持ちに媚びる、いやらしさ、いんぎん無礼さもなかった。〉

このくだりを読んで、岡部幸雄が高橋を尊敬し、慕っていたという理由がすこしだけわかったような気がした。

高橋は岡部の兄弟子にあたる騎手だった。ふたりが騎手として一緒に馬に乗っていたのはわずかに一年だけだが、調教師に転身してからも「公私ともどもお世話になった」と岡部が感謝している高橋は、戦後の復興期の中央競馬を支えた名騎手であったのと同時に、岡部幸雄という偉大なジョッキーに大きな影響を与えた人物でもあった。

一九一九年一月三日に北海道の旭川にうまれた高橋英夫は、小学二年のときに十勝地方の新得村（現新得町）に移り住んでいる。家業は農業だったが、農耕馬の繁殖もしていて、家にはいつも馬がいた。

新得に移ってから高橋少年のたのしみは家の前に広がる原っぱで開催された祭り競馬

だった。祭りの競馬が大好きだった少年は、いつしか騎手になりたいと思うようになっていた。

十六歳の春、騎手をめざして上京し、叔父の家に身を寄せていた高橋のもとに朗報が届く。中山競馬倶楽部の函館孫作厩舎にはいることが決まったのだ。

函館は帝国競馬協会時代の名騎手として知られ、三年前には四十二歳で第一回日本ダービー（東京優駿大競走）を制した人物である（その当時、騎手と調教師を兼任していた）。入門の橋渡しをしてくれたのは新得の家の近所に住んでいた、函館の母と弟だった。

一九三五年六月に函館厩舎にはいった高橋は、一九三七年、中山競馬倶楽部から騎手免許を受けて見習い騎手となった。その年の七月の盧溝橋事件を機に支那事変が勃発する。日本は中華民国との本格的な戦争へと突入していった。

前年秋には全国に十一あった民間の競馬倶楽部と統括団体の帝国競馬協会が解散、それぞれの財産も没収され、実質国営の日本競馬会によって競馬が運営されていた。

高橋が騎手になったのはそんな激動の時代だった。

一九三七年十月三十日、高橋は秋の横浜競馬でデビューする。三頭立てで大差の三着だった。結局、その年は七戦して未勝利に終わり、初勝利は翌年の九月十七日、秋の新潟競馬まで待たなければならなかった。

戦前の高橋は成績だけをみれば凡庸な騎手だった。師匠の函館は温厚な人物として知られていたが、いい馬が集まらず、厩舎全体が衰退していた時期だった。騎乗馬に恵まれなかった高橋は障害レースに乗ることも多く、一九四四年に競馬が中止になるまでにあげた勝ち星は八十八にすぎない。

一九四五年になると高橋にも召集令状が届く。だが、所属は北海道・室蘭の高射砲連隊で、戦地に赴くことなく終戦の日を迎えることができた。

一九四六年秋、日本競馬会は競馬を再開する。しかし、このとき師匠の函館は競馬界から身を引いていて、高橋は知り合いの馬主に紹介された東京競馬場の藤本富良厩舎で再出発している。

戦後の競馬記者の草分け的な存在で、当時のことを知る大島輝久（元朝日新聞記者、フジテレビ解説者）が、藤本厩舎時代の高橋について書いた記事がある。

〈当時の藤本富良厩舎には主戦の蛯名武五郎や、藤本の息子の勝彦ほかがいて乗り役は不足していなかったが、ジョッキーとして打ってつけの小柄で柔軟な体造りで、機敏な騎乗ぶりが認められ、函館系の鈴木勝太郎厩舎をはじめ他厩舎の馬に乗ることが多く、たちまち頭角を現し（以下略）〉（一九九一年『優駿』創刊50周年記念増刊号）

才能を認められた高橋は一九四七年になると、中山の名門、鈴木信太郎厩舎に移籍する。そして鈴木厩舎の主戦騎手となったことで、一気にトップジョッキーへとのぼりつめていくのである。

一九四八年には新競馬法が公布され、競馬は国営と地方の二本立てでおこなわれるようになる。これにともなって日本競馬会は解散し、国営競馬に移行していく。

その翌年、高橋はサチトミという牝馬で中山記念・春に優勝する。三十歳にしてはじめての重賞を勝ちとった高橋は、秋にはオークスも制している。馬はキングナイトといい、調教師は函館孫作だった。戦後になって一度は調教師を引退した函館だが、やはり競馬からは離れられなかったのか、ふたたび競馬界に戻って厩舎を開業していたのだ。このオークスは調教師として函館が手にしたただひとつのビッグタイトルであり、高橋は師匠にささやかな恩返しをすることができた。

一九五四年九月十六日、競馬の民営化の声のもとに特殊法人日本中央競馬会が誕生する。そのころ高橋は騎手として全盛期を迎えていた。三十六歳になった一九五五年には八十二勝、さらに翌年は八十七勝をあげて、二年連続でリーディングジョッキーに輝くのである。

余談になるが、もともと日本の競馬は各地の倶楽部が主体となって開催されてきた歴史もあり、戦後の国営時代までは騎手や調教師のオフィシャルなランキングの発表や表彰をしてこなかった。わずかに予想新聞を発刊していた啓衆社が、雑誌『競馬週報』のなかでリーディングジョッキーとリーディングトレーナーのタイトルを設けて、成績上位者を独自に表彰していたぐらいである。そういう意味で、高橋はわが国で最初の「正式なリーディングジョッキー」といってもいい。

高橋は一九五七年に自己最多の九十八勝をマークする。ところが、この年は野平祐二が史上はじめて百勝を突破（百三勝）する大活躍で、三年連続のリーディングジョッキーは成らなかった。

昭和三十年代の関東騎手界は、ふたりのスタージョッキーの時代に移っていた。ひとりが野平祐二で、もうひとりが尾形藤吉厩舎のエース、保田隆芳である。「戦後」の日本競馬を支え、中央競馬の最初のリーディングジョッキーとなった高橋も、「高度成長」のなかで頭角を現してきたふたりに取って代わられ、リーディングジョッキーを争ったのはほんのわずかの期間だった。

高橋について書かれた雑誌や新聞の記事を読んでいると、「逃げの高橋」というフレーズが多いことに気づく。「スタートがうまく、逃げ馬に乗せたら天下一品」とも書かれている。高橋自身も「後方から追い込むのは性格に合わない。自分のペースで、先に行くほうがレースをしやすい」とも語っている。

そんな高橋につけられたニックネームは「逃げのタカヒデ（高英）」だったという。「タカヒデ」という呼称がほほえましい。

高橋はまた自分に厳しく、まじめな人物として知られていた。酒もたばこも飲まず、趣味を問われると「馬だけです」と答えるような男だったという。『優駿』でも騎手時代の高橋はこんなふうに表されている。

〈緻密で理詰めな理論を持ち、加えて人の面倒見の良さで若い騎手から慕われ、競馬界の紳士と称えられた。〉（一九八九年七月号「日本のホースマン」、文・福田喜久男）

「逃げのタカヒデ」とファンに愛された高橋も、昭和三十年代の半ばを過ぎると若手騎手の台頭で影も薄くなりつつあった。しかし競馬の神は「競馬界の紳士」にとってきの舞台を用意していた。

一九六二年五月二十七日、高橋は騎手人生で最高の瞬間を迎える。十四回めの挑戦で日本ダービーに優勝したのだ。馬はフエアーウイン。得意の逃げきりではなかったが、好スタートから五、六番手の絶好のポジションをキープし、直線でしっかりと抜けだしてくる、完璧な騎乗での勝利だった。

このとき高橋は四十三歳。ちょうど三十年前、師匠の函館孫作が第一回ダービーのゴールを駆け抜けた年齢には一年およばず、ダービージョッキーの栄誉を手にしたのだった。

高橋はその後、四十九歳まで馬に乗りつづけた。自分を律し、常に節制していた男らしく、息の長い騎手生活だった。

一九六八年二月十八日、中山競馬の最終レース。騎手をめざして上京してから三十三年。三十一年の騎手生活で九百三十六の勝ち星を重ねてきた高橋が乗る最後の馬、ハヤブサは逃げてブービーの九着に敗れた。勝ったのは岡部幸雄が乗るエクセレントだった。

保田隆芳

モンキー乗りと天皇賞

4

保田隆芳という騎手を語ろうとするとき、すぐに思い浮かぶのは「天皇賞男」と「モンキー乗り」というふたつのことばである。

「大尾形」とまで言われた尾形藤吉厩舎の主戦騎手として、戦前の帝国競馬協会（東京競馬倶楽部所属）から日本競馬会、国営競馬、日本中央競馬会と四つの時代をとおして活躍した保田が積みあげた勝ち星は千二百九十五。八大レースを完全制覇し、天皇賞十勝は武豊が二〇〇七年の秋にようやく並んだほどの大記録である（一度勝った馬は出走できなかった時代の天皇賞の記録だから価値も高い）。また、ハクチカラとともにアメリカに遠征し、モンキー乗りと呼ばれる騎乗スタイルを修得して日本に広めた騎手としても知られている。

中央競馬になってからは「天才」とか「名人」、「剛腕」、「闘将」、「鉄人」などと形容される個性的な名ジョッキーが登場してくるが、戦中・戦後の苦しい時代に競馬界をリードした騎手という意味でも、保田隆芳は昭和を代表する「大騎手」だといえる。

保田隆芳は一九二〇年三月十八日、東京市神田小川町の八百屋問屋にうまれた。家は裕福で、小学六年のときに避暑で滞在した軽井沢で馬に乗る楽しさを知ったという。それを機に乗馬に夢中になった保田少年は、東京・下谷根岸にあった石田乗馬クラブにかようようになっていた。

一九三四年、保田は日本大学附属中学を二年で中退し、東京競馬倶楽部の尾形景造（戸籍名は藤吉。騎手時代に落馬事故に遭ってから景造に改名していたが、戦後の競馬再開時に藤吉に戻す）厩舎に入門する。尾形を紹介してくれたのは石田乗馬クラブの経営者、石田馬心だった。

尾形厩舎に入門した保田は千葉県にあった下総御料牧場（宮内省直営の牧場）で研修を積むことになる。栴檀（せんだん）は双葉より芳し、と言うが、のちに日本を代表する騎手となる少年の、牧場での騎乗ぶりはすぐに尾形の目にとまり、半年後には騎手見習いとして厩舎に呼び戻されている。そして一九三六年、十六歳で騎手免許を取得した保田は、その年の十一月二十一日にデビューする（この年の十二月には全国の競馬倶楽部が解散し、日本競馬会の主催となっている）。

とはいっても、このとき尾形厩舎には第三回日本ダービーをフレーモアで制したばかりの大久保亀治（大久保正陽の父）を筆頭にして、伊藤正四郎（伊藤正徳の父、伊藤雄二の岳父）、二本柳勇（二本柳省三調教師の長男、二本柳俊夫の兄）、松山吉三郎など錚々たる兄弟子たちが顔を揃えていて、見習い騎手が乗せてもらえる馬などたかがしれていた。一年めは四回騎乗してすべて着外に終わり、二年めも初勝利をあげたのは十月になってからで、この年は三勝にとどまっている。

だが、三年めを迎えた一九三八年の春、まだ見習い騎手だった保田は尾形からダービー出走馬に乗るよう命じられる。馬は牝馬のアステリモア。馬主は大川義雄（高千穂製紙社長）。周囲も驚く大抜擢だったが、尾形の目に狂いはなかった。はじめてダービーに騎乗した保田はアステリモアを三着に導き、秋には第一回阪神優駿牝馬（オークス）を制してしまうのだ。十八歳八か月での勝利はいまなお残るクラシックの最年少優勝記録である。

そのころ、酒好きの尾形は弟子たちを晩酌につきあわせ、説教することが多かったという。騎乗論から精神論まで、飲みながら説く師匠の長い話を、見習い騎手の保田は正座したまま黙ってきいていた。こうして「尾形流の追い込み」の極意を仕込まれた保田は、十九歳の秋にはテツモンで最初の天皇賞（当時は帝室御賞典）を制している。後方から追い込んでのレコード勝ちだった。

さらに一九四〇年の春には、タイレイで第二回中山四歳牝馬特別（桜花賞）を制する。入門から六年足らず、弱冠二十歳の保田は尾形厩舎の若きエースとして順調に成長していた。

しかし、洋々としていた保田の騎手生活も、激しさを増していた戦争によって中断を余儀なくされる。一九四一年、二十一歳になった保田は召集され、北支派遣軍の陸軍歩兵として中国北部に赴いた。

一九四五年八月十五日の敗戦を陸軍歩兵上等兵として迎えた保田は、翌年の二月に復員する。日本競馬会が競馬を再開したのはその年の十月で、岩手に疎開していた尾形藤吉や競走馬も府中の東京競馬場に戻り、保田も騎手として復帰した。

戦後の復興期、競馬は日本競馬会の主催から国営に代わり、一九五四年九月には日本中央競馬会となる。戦争によって馬の数は激減し、競馬をとりまく環境も慌ただしく変わっていく時代のなかで、尾形厩舎の主戦騎手となった保田は毎年のように大レースを勝つ活躍をみせていた。

保田がはじめて日本ダービーを制したのは一九五六年で、馬はハクチカラだった。最年少でクラシックを制した男は三十六歳になっていたが、ハクチカラとの出会いが保田の大きな転機となるのである。

一九五八年五月。前の年に天皇賞と有馬記念を連勝したハクチカラがアメリカ西海岸遠征にでると、保田もそれに帯同することになった。日本馬の海外遠征は一九二三年の競馬法制定以降はじめてだった。じつは、保田がアメリカに遠征するチャンスは四年前にもあった。ハクチカラとおなじ西博（西製鋼社長）が所有するハクリヨウ（菊花賞、天皇賞・春）がワシントンDC国際に招かれたのだが、そのときは渡米直前の飛行機トラブルで頓挫してしまったのだ。

ハクチカラのアメリカ遠征では、当初、アメリカ人騎手が乗る予定だった。ところが日系人が多いロサンゼルスではハクチカラは予想以上に歓迎されていた。その人気に目をつけたハリウッドパーク競馬場が公開調教をおこなうと、このときの騎乗ぶりが高く評価された保田にアメリカでの騎乗ライセンスがおりるのである。

こうして保田はハクチカラに騎乗できることになった。保田が乗ったのは最初の五戦で、六頭立ての四着が最高の成績に終わった（その後、ハクチカラにはアメリカ人騎手が乗り、翌年二月に初勝利をあげた）が、三か月余のアメリカ滞在で保田は多くのことを学んでいる。なかでも一番影響を受けたのは、あぶみを短くした前傾姿勢で、馬の背に張りつくようにして乗るアメリカ式の騎乗スタイルだった（その姿格好からモンキー乗りと呼ばれるようになった）。

蛯名武五郎のところでも触れたが、それまで日本の騎手はあぶみを長くし、上体をおこした天神乗りの騎手がほとんどだったが、それでは馬が全力疾走すると風の抵抗をもろに受けてしまう。それにたいしてモンキー乗りは空気抵抗もすくなく、馬もスピードにのりやすい。モンキー乗りについては、保田もニュース映画で見て知っていたし、戦前にも赤石孔（とおる）（横浜・日本レース倶楽部）や渡辺正人に影響を与えた中村一雄（阪神競馬倶楽部）など、あぶみを短くして乗っていた騎手は何人かいた。しかし、実際に本場のアメリカで目の当たりにすると、これからはこの乗り方でないとだめだ、と確信した。

そうはいっても、あぶみを短くすれば馬上でバランスをとるのがむずかしく、落馬のリスクも高くなる。加えて騎手の足腰にかかる負担も大きい。それでなくても三十八歳になって急に騎乗スタイルを変えるのは勇気がいることなのに、保田は短い滞在期間にモンキー乗りを会得して帰国するのである。

モンキー乗りに騎乗スタイルを変えた保田はそれまでに増して活躍するようになる。アメリカ遠征の翌年には八十九勝をあげてリーディングジョッキーの座につくと、その年から三年連続で首位を守っている。そんな保田の騎乗ぶりに刺激された若い騎手を中心にしてモンキー乗りは中央競馬の騎手に浸透していった。

保田は四十歳を過ぎても「大尾形」の主戦として活躍をつづけていた。一九六一年にはハクシヨウで二度めのダービーを制し、その二年後には前人未踏の千勝を達成する。さらに四十六歳になった一九六六年には春の天皇賞をハクズイコウでレコード勝ちし、秋にはコレヒデで天皇賞と有馬記念を連勝している。コレヒデの勝利が天皇賞十勝めとなった。

ここまで数々の栄光を手にしてきた保田だが、まだひとつだけやり残したことがあった。唯一勝っていないビッグレース、皐月賞に勝つことだ。皐月賞に勝てば史上初の八大レース完全制覇騎手となるのである。

保田が皐月賞に勝つのは一九六八年で、馬はマーチス。尾形厩舎の弟弟子にあたる伊藤修司が管理する馬だった。そのとき保田は四十八歳と二か月。それは、いま（二〇二〇年三月現在）でも残る皐月賞の最年長優勝記録となった。

その二年後の一九七〇年、五十歳になった保田は引退を決めた。最後のレースは京王杯スプリングハンデ。騎乗馬は前年のクラシックでは「尾形四天王」の一角に数えられ、ダービーでは首差の二着に負けたミノルだった。ファンは当然のようにミノルと保田を一番人気に支持していた。

最後の騎乗。保田は「尾形流の追い込み」にしたがって、いったんミノルを後方に下げ、最後の直線でインコースを突いて抜けだしてきた。あと二百メートルをきって、大外から弟弟子の野平祐二が乗るメイジアスターが猛然と追い込んできて、ミノルに並びかける。しかしそこが保田隆芳の千二百九十五勝めのゴールとなった。

野平祐二

「祐ちゃん」はミスター競馬

5

「祐ちゃん」

野平祐二の現役時代を知る人たちは敬意と親しみを込めてそう呼んだ。競馬関係者も、マスコミも、そしてファンも。だが、野平を知らない世代にとっては、こちらの愛称のほうがとおりがいいだろう。

「ミスター競馬」

野平の晩年、野平と親しかったスポーツ紙の記者が付けたものだが、「ミスタープロ野球」と呼ばれていた長嶋茂雄からとったことはいうまでもない。

まだギャンブルアレルギーが日本全体を覆い、競馬は社会悪として蔑視されていた時代に、野平は格好良く勝つことで人々に競馬の魅力を伝えようとした。いつもファンに目を向け、競馬をメジャーにするために積極的にマスメディアに協力した。昭和三十年代から四十年代、高度成長をつづける日本経済に歩調をあわせるように競馬が一般大衆に浸透していったとき、野平祐二というジョッキーが担った役割ははてしなく大きかった。

一九二八年三月二十日、野平祐二は中山競馬場の厩舎があった千葉県東葛飾郡葛飾町古作（現千葉県船橋市古作町）でうまれた。中山競馬倶楽部の騎手だった父の野平省三は、野平が誕生して間もなく騎乗の場を東京競馬倶楽部の目黒競馬場に求めている。野平が五歳になった一九三三年に東京府北多摩郡府中町（現東京都府中市）の東京競馬場が完成すると、野平一家は府中に移り住む。だから野平少年の馬との記憶は府中の競馬場からはじまる。

こどものころから馬に囲まれて育った野平が競馬の騎手になろうと思ったのは自然のことだった。しかし、競馬場という特殊な世界に住むこどもたちは、ときには差別とかいじめの対象になることもあった。野平は調教師を引退したあと、少年時代をこんなふうに述懐している。

〈今の府中競馬正門前の駅があるあたりには、まだ山があって、それを越えて学校に通っていたんですが、その山道でよく地元の子供たちに意地悪をされました。でも、必ず仕返しに行きましたよ。先頭に立って、というよりも、たいていは一人で行ったなあ。（中略）そういう肩身の狭い思いというのを、小さいときからずっと背負ってきました。〉（『調教師の本Ⅶ』）

のちに、トップジョッキーとなった野平が競馬をメジャーな存在にしたいという強い思いを抱いてファンやマスコミに接していたのは、こどものころの苦いおもいでが根底にあったからなのだろう。

一九四二年、十四歳になった野平は私立関東中学（現聖徳学園関東高校）を中退して東京の尾形景造（藤吉）厩舎に入門する。せっかく進学した中学を中退してまで騎手になりたいという息子を、父の省三は「他人の下で仕込まれたほうが将来のためになる」という親心で尾形厩舎に入門させたのだ。

騎手デビューは一九四四年十二月三日の東京修練場（現・馬事公苑）だった。太平洋戦争がはじまって三年、競馬も一年前から馬券のない「能力検定競走」としておこなわれていた。だれよりもファンを喜ばせようとしたジョッキーのデビュー戦は、ファンがひとりもいないレースで四頭立ての三着だった。

だが、戦況は悪化、競馬はほどなく中止となる。一九四五年、十七歳になった野平も海軍飛行予備学生乙科に志願したが、試験日は終戦の八月十五日だった。

戦後。競馬再開と同時に野平は尾形厩舎に戻った。だが、厩舎には保田隆芳や八木沢勝美といった先輩騎手がいて騎乗馬に恵まれなかったこともあり、一九四九年には野平省三厩舎に移籍している。

父親の厩舎に移った野平はすこしずつ勝ち星を伸ばしていったが、トップジョッキーとして頭角を現すのは意外なほど遅く、二十代も半ばを過ぎてからだった。それでも二十九歳になった一九五七年には百三勝をあげて史上初の「百勝騎手」となると、翌年も百二十一勝し、二年連続でリーディングジョッキーになっている。

野平がはじめてビッグレースを制したのは一九五九年で、トサオーで春の天皇賞に勝っている。さらに、その年の十二月にはオーストラリア・シドニーのカンタベリー競馬場で開催された国際騎手レースに招かれ、オーストラリア国際ステークスの第二戦に優勝している。日本人騎手が外国の競馬場で勝利をおさめるのは戦後初の快挙でもあった。

それからも野平の華やかな活躍はつづいた。一九六四年にはカネケヤキで桜花賞とオークスを制覇し、シンザンが三冠を達成した菊花賞ではカネケヤキの大逃げがスタンドを沸かせた。その二年後には保田隆芳につづいて史上ふたりめの千勝を達成する。

当時、関東では尾形厩舎のエース保田や若くしてトップジョッキーとなった加賀武見らが野平とリーディングを競っていた。しかし、馬を御すというよりも、人馬一体となって馬を走らせる野平の柔らかな騎乗スタイルには保田や加賀にはないスマートさと華があった。また、若いときに映画ニュースで見知った海外の競馬風景に感銘し、騎手はただ馬を勝たせるのではなく、ファンを魅了し、格好良く勝たなければいけない、と考えていた野平一流のダンディズムはファンやマスコミを強く惹きつけていた。

そのころ野平省三厩舎にはいってきたのがスピードシンボリである。オーナーの和田共弘は、一九五三年の春に種牡馬を買うためにはじめてヨーロッパの牧場や競馬場を見て歩いてから、伝統と格式のあるイギリスやフランスの競馬にあこがれている男だった。野平もまたオーストラリアで騎乗してからいっそう海外での騎乗を夢見るようになっていた。そんなふたりの夢を実現させたのがスピードシンボリだった。

一九六七年、春の天皇賞に優勝したスピードシンボリは、アメリカのワシントンDC

国際に招待されて五着と健闘する。さらに二年後の夏から秋にかけては和田が憧憬するヨーロッパに遠征し、イギリスのキングジョージⅥ＆クインエリザベスステークス（五着）、フランスのドーヴィル大賞典（着外）と凱旋門賞（着外）に挑戦している。なかでも果敢に先行して直線では一度先頭に立った〝キングジョージ〟のレースぶりは、日本の競馬人に勇気と希望を届ける立派な戦いぶりだった。

欧米一流国との差を痛いほど感じながらも、スピードシンボリの挑戦は一応の成果を得られた。だが、それで満足しない国際派のオーナーとジョッキーはさらなる驚きのプランを練っていた。

一九七二年の春、ヨーロッパ進出をもくろんでいた野平と和田、それに賛同する関東の有力馬主八名によってニホンホースマンクラブという組織が誕生する。会長には「トウショウ」の藤田正明（参議院議員、東京馬主会会長）が就き、メンバーには「メジロ」の北野豊吉（北野建設社長）や中山馬主会会長の小川吊三（小川運輸社長）、ワイルドモア（一九六九年皐月賞）の馬主・吉原貞敏（東京鐵鋼社長）らが名前を連ねていた。そして九名の馬主とひとりの騎手が共同出資してヨーロッパで馬を買い、それに野平が騎乗し、いい成績をあげた馬は繁殖馬として日本に輸入しようという、夢のある計画が立てられたのだ。

野平は一九七二年の春からフランスに拠点を移し、その年のイギリスダービー四着馬ロンバード（一九七三年に種牡馬として日本に輸入）など八頭の競走馬を購入している。馬はスピードシンボリの遠征で世話になったフランスのフレディ・パルメール厩舎に預けられた。

しかし、結論からいうと、ニホンホースマンクラブは野平と和田が思い描いたような成果はあげられなかった。期待のロンバードは凱旋門賞に駒を進めることもできず、野平は日本から遠征してきた北野豊吉のメジロムサシに騎乗して凱旋門賞（十八着）とワシントンＤＣ国際（七着）を戦っている。

大きな夢をいだいてヨーロッパに渡った野平だが、日本のトップジョッキーといっても競馬後進国の騎手への騎乗依頼はほとんどなく、経済的にも逼迫するようになり、日本に戻って騎乗する機会が多くなっていた。結局、クラブの所有馬はヨーロッパの騎手が乗って勝つことが多くなり、野平は牝馬のビバドンナで一勝しただけだった（ビバドンナはその後日本に輸入され、クイーンカップに勝ったポリートウショウなどの母となった）。

そして一九七五年二月、前の年に父の省三が亡くなったこともあり、野平は騎手引退を決める。引退レースは目黒記念・春だった。和田共弘のカーネルシンボリに騎乗した野平は「ミスター競馬」と呼ばれる男らしく、格好良く最後のレースを飾った。

野平祐二は戦前の日本競馬会時代から通算して千三百三十九勝という、当時の最多勝を記録した騎手だった。しかしリーディングジョッキーになったのは二回だけで、八大レースも七勝（天皇賞三勝、有馬記念二勝、桜花賞、オークス）にすぎない。それどころか、ダービーは二十五度騎乗して四着が最高の成績で、三冠レースはひとつも勝っていないのだ。

それでも野平はずっと世界に目を向け、チャレンジをつづけた騎手だった。そしてなによりも、いつでもファンの存在を意識し、競馬界の顔となり、重ねた数字よりもはるかに大きな功績を競馬界に残した人だった。だから「ミスター競馬」なのである。

そして、「ただ勝つのではなく、格好良く勝った」野平の千三百三十九勝は、昭和の騎手たちの大きな目標となり、長嶋茂雄の四百四十四本のホームランとおなじように「とくべつな数字」として長く記憶されている。

古山良司

だれが呼んだか「雨の古山」

6

わたしの知る古山良司はサンエイソロン、スダホークの調教師である。バブル期には「地上げの帝王」と呼ばれた早坂太吉（最上恒産）のモガミヤシマやモガミナインの印象も強い。昭和四十年代からのベテランファンにとってはタケシバオーの騎手であり、調教師になってからは「走る精密機械」トーヨーアサヒを思いだすことだろう。

調教師としては大レースには手が届かなかったが、騎手・古山良司は「戦後派ナンバーワン」と評された名手で、関東のファンには「雨の古山」と呼ばれた。雨のなかでダービーやオークスに勝ったことでそういう愛称がうまれたそうだ。「雨の降る（古）山」という駄洒落なのだが、語呂がいい。もしかしたら、最初に言いだした人は、持統天皇の歌「春すぎて夏来にけらし白妙の衣ほすてふ天の香具山」から連想しただろうかとも思った。「雨の古山」では「白妙の衣」は乾かないけれど。

古山良司は一九二九年六月二十八日に神奈川県横浜市にうまれた。当時にはめずらしいひとりっ子である。父の古山喜三郎は横浜の根岸競馬場の騎手だったが、めだった成績もなく、早くに騎手をやめている。

二世騎手のばあい、父の姿にあこがれたり馬が間近にいたことで騎手をめざしたというケースが多いが、少年時代の古山は競馬社会に進む気持ちはなく、尋常小学校を卒業すると神奈川県立商工実習学校（現県立商工高校）に入学する。戦時中ということもあってほとんど学校には行けず、一九四四年には志願して土浦海軍航空隊（茨城県）の予科練習生になっている。

一九四五年六月十日、土浦海軍航空隊がアメリカ軍の空襲に遭った。予科練生や近隣住民三百人以上が亡くなったこの大空襲で古山は左足を負傷する。医師が足を切断するとまで言っていたほどの重傷だった。手術をしてなんとか歩けるようになったが、左足がわずかに短くなった。

終戦後。古山は商工実習学校に復学する。一九四六年に学校を卒業したが、就いた仕事もすぐにやめてしまう。それから、日雇いをしたりしてぶらぶらしていた古山の人生を競馬が変えた。

一九四七年、父に連れられて行った東京競馬場で競馬を見た古山は、目の当たりにした騎手の姿に魅了される。親父も騎手だったし、自分も体が小さい。騎手になりたい、とはじめて思った。しかし両親は猛反対した。騎手になるなら勘当だとまで言われ、柳行李ひとつ持って家をでると、つてを頼って東京競馬場の騎手、内藤潔に弟子入りする。内藤は尾形藤吉門下だったが、当時、久保田彦之厩舎に所属していたために、形式上、古山は久保田厩舎の所属になった。

久保田、内藤のもとで騎手修業に励んでいた古山だが、左足のけがの後遺症もあったりして、騎手試験に二度落ち、騎手デビューしたのは一九五〇年、二十歳になっていた。

一年めは七十七度騎乗して十三勝した。のちに「雨の古山」と呼ばれる新人の初勝利は雨の不良馬場。クモノハナが二冠を達成したダービーの日の最終レースだった。

二年めは二十七勝で、中山大障害・春に勝っている。この年、障害は二十七戦十三勝と驚異的な数字を残した。

四年めには四十九勝をマークして全国五位と大躍進すると、日本中央競馬会となった一九五四年は六十四勝、さらに翌年も七十勝で、連続で全国三位になる。五五年には久保田彦之の兄、上村大治郎厩舎のタカオーで天皇賞・春に勝っている。二着セカイイチに四馬身差をつけるレコードタイムでの八大レース初勝利だった。

そしてデビュー十年めの一九五九年、古山はコマツヒカリでダービーに勝った。朝から雨が降りしきり、コースは泥田のようにぬかるんでいた。どこを走ってもおなじだと考えた古山は、後方のインコースをゆっくりと走らせながら、直線で抜けだしてきた。二着に二馬身半差をつけ、優勝タイムの二分三十八秒二は当時のダービーレコードより七秒二も遅い。それだけひどい馬場だった。

後年のインタビューで古山は「雨が降ったら勝つ」とレース前から宣言していたように語っているが、ダービー直後の記事を読むとそこまでの自信はなかったようだ。

〈私は雨の日に（筆者注、以下同：コマツヒカリの）勝負に乗ったことがないのでレースの前の日に新聞記者のインタビュウでも〝よく分からないが天気の方がいいんじゃないか〟と答えたほどです。〉（『優駿』一九五九年七月号）

ダービーは「雨の古山」を象徴するレースとなったが、競馬評論家の大川慶次郎は、雨の不良馬場で古山の成績がいいのは「恐がりで引っ込み思案」だから、と分析している。

〈どうしても果敢に馬混みに突っ込んでゆく勇気が出ず、良馬場では外々を回ってコース損ばかりしていました。（中略）それが、雨が降って馬場が悪くなると自然に馬群がバラける。だから思うようなコース取りができるから成績が上がる。〉（『大川慶次郎回想録』）

『優駿』の記事では、古山はダービーの勝因を「コマツヒカリの最大の死角である〝もみ合う〟ようなレースにならなかった」とレースを振りかえっていたが、大川によれば、もみ合いを苦手とするのは古山自身だったということになる。

ともあれ、戦後派ナンバーワンと評され、関東では保田隆芳、野平祐二に次ぐ地位を確立した古山は、晴れてダービージョッキーにもなった。だが、このころから成績が急下降している。一九六〇年には騎乗数はわずかに百五十八で、十四勝。騎手成績では五十八位まで落ち込んでいる。その原因は酒にあった。

大川慶次郎は「明るい酒乱」と書いているが、古山について書かれたものを読むと酒にまつわる武勇伝や失敗談に事欠かない。しかし、笑い話で済むうちはいいが、酒を飲んで調教をすっぽかすことも多くなり、完全に干された状態になっていたのだ。

救いの手をさしのべたのは友人の藤本勝彦だった。父の藤本冨良に古山の面倒をみてくれるように頼んだのだ。尾形藤吉厩舎と双璧をなす大厩舎を構えていた藤本は親分肌の調教師で、自分の仕事をきちんとやっていれば酒を飲んでもとやかく言うことはなかった。そうした藤本の性格も古山にはさいわいした。

古山がデビューしたころから取材し、藤本冨良とも親交のあった大島輝久は、

「古山が立ち直ったのは、藤本さんのところに行ったからだ。そうでなかったら、競馬の世界から消えていたかもしれないといわれたものです」

と語っている（『藤本冨良　わが競馬人生』）。

藤本のもとで更生した古山には、ふたたびいい馬が巡ってくるようになった。移籍した一九六二年には、十三番人気のヤマノオーで皐月賞に勝っている。調教師は内藤潔。主戦騎手だった高松三太がほかの馬に乗るために古山にチャンスがまわってきたのだ。

一九六六年には、久保田彦之厩舎のヒロヨシでオークスに勝った。この日も雨の不良馬場だった。コマツヒカリのダービーに代表されるように古山は追い込みに定評があったが、オークスは最初から先頭に立って逃げ、そのまま九馬身差で独走する大楽勝だっ

た。

クラシックのふたつの頂点、ダービーとオークスを「雨・不良馬場」で勝ったことでファンの間には「雨の古山」という呼び名が定着するのだが、年齢とともに騎乗数は減っていく。それでもグリーングラスの母となるダーリングヒメでふたつの重賞（福島大賞典、七夕賞）に勝つなど、すくないチャンスでしっかりと結果を残していた古山は、四十歳を前にした一九六八年の暮れ、騎手人生で最高の名馬に出会う。タケシバオーである。

三歳の秋から主戦騎手になっていた保田隆芳が引退するという話があり（実際に引退するのは一九七〇年）、オーナーの小畑正雄（競馬予想紙『競友』の創業者）が藤本を介して古山に騎乗を依頼してきたのだ。「とにかく天皇賞に勝ってくれ」と小畑は言った。

それまで先行して惜敗するレースがつづいていたタケシバオーに古山は追い込むレースを覚えさせた。そして一九六九年には八連勝（重賞五勝。レコード四回）という離れ業をやってのける。このうち古山で六勝（重賞三勝）し、タケシバオーの唯一のビッグタイトルとなる天皇賞・春もスローペースを追い込んで勝っている。

その秋、古山はタケシバオーとともにアメリカのワシントンＤＣ国際に挑んだが、レースの五日前に発熱し、一頭大きく遅れた最下位に敗れた。コースをまわってくるだけで精一杯だった。

タケシバオーについては古山が調教師を引退したあと話をきいたことがある。古山は勝負服を着ても体重は四十六、七キロしかなく、タケシバオーには鉛を入れたチョッキと腹巻きをつけて乗っていたという。六十五キロを背負い、不良馬場を後方から追い込んできたジュライステークスのときは「腹巻きにチョッキを二枚着て、重かったな」と笑っていた。

一九七〇年。藤本冨良の一番弟子で、調教師になっていた蛯名武五郎が亡くなると、古山は残された四十頭の馬を管理するよう藤本に命じられる。まだ現役に未練があったが、恩人の命令には逆らえない。騎手を引退し、翌年の春に調教師に転じた。

デビューは遅かったが、古山良司は二十年間で四千四百九戦六百十九勝という成績を残した。生涯勝率は一割四分。天皇賞とダービーを手にし、中山大障害にも勝った。「雨の古山」と呼ばれてファンに親しまれ、タケシバオーという偉大な名馬の手綱もとった。短くも満ち足りた騎手人生だった。

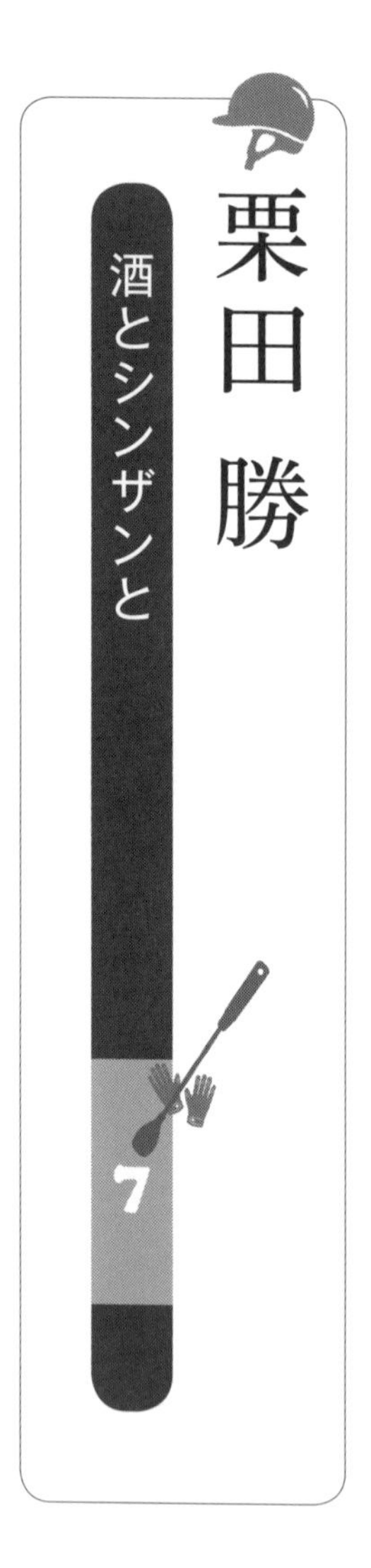

栗田 勝

酒とシンザンと

栗田勝といえばシンザンである。

シンザンといえば栗田勝でもある。

戦後最初の三冠馬として知られるシンザンは、レコードタイムで走ったことは一度もなく、二着以下を大きく離して勝つこともなかった。どんなに強くても、華やかさに欠けるシンザンのレース内容について問われた栗田は「鼻の差でも勝ちは勝ち」とこともなげに答えたという。

そんな栗田を、師匠であり岳父でもある武田文吾はこんなふうに評している。

〈あの野郎は、かんしゃく持ちの気短だったが、馬の上の辛抱はよかった。ああまで辛抱がいいのは、他にいない。あれにくらべれば、現役当時の私でも、辛抱が足らんくらいです。〉（本田靖春「すべてが競馬丸のため」、『日本の騎手』所収）

「辛抱は金の棒」とは栗田が残した名言だが、どんなレース展開になっても、慌てることもなく、最後にはきっちりと勝つというシンザンのレーススタイルは、騎手が栗田だったからこそできた芸当でもあったのだ。

栗田勝は一九三二年三月十一日に愛知県岡崎市にうまれた。父は地方競馬の岡崎競馬場（東海公営・名古屋競馬場の前身）で厩舎を構えており、幼いときから馬に慣れ親しんでいた栗田が騎手をめざしたのはごく自然の流れだった。兄の栗田実は鳴尾競馬場の伊藤勝吉厩舎に入門し、戦後は名古屋競馬場のリーディングトレーナーにもなった名調教師で、名古屋競馬調騎会会長も務めている。

栗田の少年時代は大戦と重なっている。十三歳のときには岡崎市もアメリカ軍の空襲を受けたが、そんなときでも閑散とした厩舎で栗田は裸馬に乗って遊んでいたというから、根からの馬好きだったのだろう。

終戦後の一九四六年、小学校高等科を卒業した栗田は、日本競馬会の名騎手として名を馳せた武田文吾のもとに弟子入りする。武田は地方競馬を転戦していたときに卜部長作という名古屋の大馬主に見いだされ、伊藤勝吉門下の鬼頭伊助厩舎（京都競馬場）で騎手となった男だった。栗田の兄の師匠でもある伊藤勝吉も卜部の世話で競馬社会にはいったこともあって、武田を息子のようにかわいがっていた。

戦前の武田は騎手兼調教師として活躍していたが、騎手と調教師を兼ねることが禁じられるようになってからは馬をほかの厩舎に預け、伊藤勝吉厩舎所属の騎手になっていた。そうした事情もあり、栗田は武田に弟子入りした二年後には一度、伊藤勝吉門下の松田由太郎厩舎に籍を移している。

そして武田が騎手を引退し、京都競馬場に厩舎を開いた一九五〇年三月、ふたたび武田厩舎に籍を戻した栗田は、翌年三月に騎手免許を取得する。

栗田の騎手デビューは一九五一年六月十六日。武田厩舎のミスヨシという馬に乗って七頭立ての七着だった。三か月後に初勝利をあげたが、この年は五十戦八勝という成績に終わった。しかし、デビュー三年めに二十七勝をマークしてからは着実に実績を積みあげていく。五年めには重賞勝ちもおさめ、関西期待の若手ジョッキーとして注目を集めるようになっていた。

一九五七年、栗田はミスオンワードで牝馬二冠を制している。デビュー戦からオークスまで無敗の八連勝を飾ったミスオンワードは、一九五八年の天皇賞・秋では一番人気で二着になるなど、牡馬とも互角に渡りあった名牝だった。

はじめてのクラシックを制した翌年、栗田は六十四勝をあげて関西のリーディングジョッキーとなっている。さらに武田の長女、英子と結婚した一九五九年には生涯最高となる七十一勝をマークし、二年連続で関西の一位になる。このとき二十七歳。公私ともに絶頂期にあった栗田は当時の『騎手銘鑑』でもこんなふうに絶賛されている。

〈技倆人格ともにそなわり、馬の能力を充分生かしている。鞭を使わず、レースの感も鋭く、フォームも美しい。近来ますます追い込みに冴えをみせてきた。関西を代表する将来のホープである。〉

また、『優駿』（一九五九年五月号）の「快心のレース無念のレース」というインタビューを受けた栗田は、無念だったレースのひとつとして過怠金を取られたことをあげている。

〈僕は（昭和）三十年、三十一年、三十二年と三ヵ年連続して無戒告でしたが、昨年の三十三年は発馬で戒告を受け、本年こそはと思っていたのに、一月四日にヤングボーイで突進して過怠金を取られたのが残念でたまりません。〉

「馬はまっすぐに走らせてこそ最高のスピードを発揮する」ということが信条だったという栗田は、だれよりもフェアな騎乗を心がけていた騎手だった。

ここまで順風満帆の騎手人生を歩んできた栗田だが、一九六〇年の春には落馬事故で右足を骨折するアクシデントに遭う。この年の栗田には、圧倒的なスピードと瞬発力で無敗のまま勝ち進んでいたコダマがいたのだが、皐月賞までの三戦は関東の渡辺正人に手綱を譲らざるを得なくなる。

それでもダービーだけは乗りたかった栗田は、骨折箇所にステンレスの金具を入れたまま退院し、コダマの鞍上に戻ってくる。コダマも調教中の落鉄で傷めた左前脚に熱があって万全な状態ではなかったが、それでもレコードタイムで優勝するのである。

九年前のトキノミノル以来史上二頭めの無敗の二冠馬となり、日本に最初の競馬ブームを巻きおこしたコダマには三冠馬の期待もかかった。しかし、慢性的な脚元の不安に悩まされ、菊花賞は五着に負けてしまう。

コダマは三冠馬になれなかったが、そのわずか四年後に武田と栗田の夢を実現する馬が登場する。シンザンである。

一九六四年、シンザンはセントライト以来の三冠馬となった。

シンザンにはコダマのようなスピードも瞬発力もなかった。しかし、どんな状況に陥ってもけっしてあきらめず、最後はきっちりと伸びてくる、無類の勝負強さが備わっていた。

ダービーを前に東京競馬場に滞在しているとき、関東の新聞記者にコダマと比較してほしいと問われた武田文吾は、

「コダマは剃刀の切れ味をもっていたが、シンザンにはそれがまったくみられない。剃刀というより鉈だな。鉈の切れ味だな」

と答えている。これが「シンザンは鉈の切れ味」という有名なことばとなる。

それにたいして栗田は、はじめて跨ったときから「コダマ以上の馬だ」と公言していた。だからこそ三冠を達成した菊花賞では、野平祐二が乗る二冠牝馬カネケヤキの大逃げに攪乱され、ライバルで一番人気のウメノチカラがひとあし早くスパートして先頭に立っても、シンザンの力を信じていた栗田はスパートをぎりぎりまで我慢できたのである。

史上二頭めの三冠馬となり、翌年は宝塚記念と天皇賞・秋にも勝ったシンザンだが、引退レースとなる有馬記念の一週間前に、競馬界を揺るがす事件がおきる。栗田が乗れなくなってしまったのだ。

経緯はこうだ。有馬記念一週間前の土曜日にある中山のオープン戦にシンザンを出走させるかどうかで武田と栗田の意見が対立していた。結局、武田が押しきり、息子の武田博が乗って出走するのだが、シンザンは二着に負けてしまう。その結果を阪神で知った栗田は、そのまま競馬場から姿を消し、朝まで酒を飲みつづけていたというのである。結果、急性腸カタルをおこして入院し、有馬記念当日の騎乗予定の馬がすべて乗り替わりになってしまったのだ。栗田は戒告処分となり、有馬記念のシンザンには弟弟子の松本善登が騎乗して有終の美を飾ったのだった。

かつては「技術と人格が備わったホープ」と絶賛され、模範騎手賞の受賞を誇りにしていた栗田も、いつしか酒を頼りにするようになっていた。そして、まるで自分の化身のようだったシンザンの最後のレースに騎乗できなくなってしまったのである。

その事件から三年半が過ぎて、作家の虫明亜呂無が栗田を取材して書いた記事がある。虫明は同時代に活躍していた関東の名ジョッキーたちと比較し、栗田勝という人物をこんなふうに表現している。

〈栗田勝はもっと、もっと、粘っこい。脂ぎっている。弾力的である。一瞬もとまらない。活気にみちている。動物的である。騎手であるより、生き身の人間、それも、とてつもなく人間くさい人間におもえる。〉(『優駿』一九六八年八月号「騎手をたずねて」)
栗田のその旺盛な闘争心は加賀武見と共通すると虫明は書くのだが、わたしには、「とてつもなく人間くさい人間」という表現がシンザンの有馬記念前の栗田と重なる。加賀のように闘争心を露わにした騎乗ではなく、馬の上では武田も感服するほど辛抱強く、理性的な騎乗をしていた栗田のこころの奥底には酒を飲むことでしか消化できない葛藤があったのではないか。そう想像するからだ。

自分の化身のようだったシンザンが引退して以降の栗田は、三十六歳になった一九六八年に六十三勝をあげたものの、しだいに減量に苦しむようになり、勝ち星も激減していく。そして一九七一年二月二十八日の騎乗を最後に騎手を引退する。最後の騎乗馬は武田文吾厩舎のエドオーで、デビュー戦とおなじく七頭立ての七着だった。通算勝利数は七百六十六。重賞は五十二勝(うち八大レース八勝)。勝率は一割八分を誇った。

騎手を引退して調教師になった栗田は、一九八〇年一月十六日、肝硬変による急性心不全で急逝する。享年四十七。酒が「とてつもなく人間くさい天才騎手」の人生を、太く短くした。

JOCKEY
II

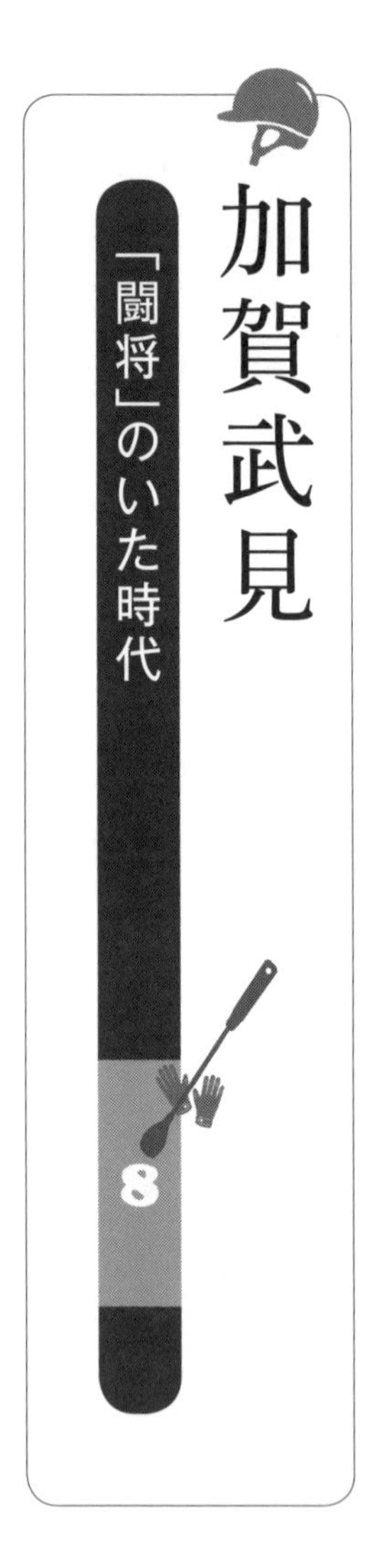

加賀武見

「闘将」のいた時代

8

最近のレースは迫力がなくなった、と言うオールドファンは多い。むかしと比べれば、いまの騎手の技術は格段に向上している。馬上での姿勢もきれいだし、レースもフェアになった。しかし、いまのレースにはなにかが足りない、と言うのだ。そして、若いころに見たレースをなつかしそうに口にしながら、いつもきまってひとりの騎手の顔を思い浮かべる。太い眉に、力のある大きな目をしたその騎手は、あのころこう呼ばれていた。

「闘将、加賀武見」

有馬記念でシンザンを外埒まで追い込んだミハルカスの大逃げ。闘志をむきだしにした郷原洋行との逃げ争い。ダービーでトウショウボーイの前を横切るようにして突き抜けたクライムカイザーの奇襲。ハギノカムイオーは絶対に逃げさせないと、ゲイルスポートで激しく競りかけていった皐月賞……。

その時代時代のファンのこころに深く刻まれた数々の武勇伝を思いだしながら、オールドファンは思う。加賀武見がいたからあのころのレースはおもしろかったのだ。

通算千三百五十二勝。重賞六十八勝（八大レース十勝）。リーディングジョッキー七度という偉大な記録を残した加賀武見が騎手デビューしたのは一九六〇年三月、二十二歳のときだからかなり遅い。加賀は保田隆芳や野平祐二とともに高度成長期の中央競馬を盛りあげた騎手だった。しかし、東京の裕福な家庭で幼少期をおくった保田や競馬社会のエリートだった野平とは違って、青森の寒村にうまれ育った加賀の騎手になるまでの道のりは長かった。

加賀は一九三七年九月八日、青森県上北郡天間林村（現七戸町）の農家に、七人きょうだいの四男としてうまれた。家には農耕馬が何頭もいて、幼いころから馬に接していた武見少年は、馬に乗るのが大好きだった。

戦後間もない時期、東北の農村は貧しく、兄たちが家を離れて働きにでたために、小学校を卒業した加賀は家業の農業を手伝うようになっていた。十四歳になると、おとなたちに混じって和歌山県の港湾労働者として出稼ぎにでている。そしてそこで最初の転機がおとずれた。

仕事が休みの日、近くにあった紀三井寺競馬場に競馬を見に行った加賀は、いっぺんで競馬というものに魅了される。馬に乗ることが大好きだった少年は「おれが生きる世界はここだ」と思った。ちょうど、いとこに京都競馬場で騎手になっていた柴田不二男（柴田政人の叔父）がいたので、加賀はすぐに「自分も騎手になりたい」と手紙を書いた。

一九五五年二月、十七歳の加賀は柴田不二男の紹介で京都の新堂捨蔵厩舎に入門した。しかし、農耕馬しか知らなかった少年は、競馬社会の厳しさを思い知らされる。肉体労働で鍛えられた体を減量するために食いたくても食えなかった。何度も馬に蹴られ、乗り方がへただと鞭で打たれた。その挙げ句、騎手試験にも落ちた加賀は、家の事情で青森に帰らなければならなくなる。騎手という職業への夢はわずか一年余で挫折するのである。

泣く泣く青森に帰って農業をしていた加賀だが、十八歳の夏に二度めの転機がおとずれる。そのころ加賀は近くにあった奥羽牧場にいたゲイタイムという種牡馬をたびたび見に行っていた。イギリスダービーで二着になったゲイタイムは、のちに二冠馬メイズイなどの名馬を輩出する種牡馬である。

そのゲイタイムを見に行った奥羽牧場で加賀は金浜益三という男と知り合う。東京の杉浦照厩舎にいた金浜は、阿部正太郎厩舎で騎手を探しているが行ってみないか、と言った。どうしても騎手になる夢をあきらめきれない加賀は、家族を説得し、ふたたび競馬場に向かった。一九五七年秋、東京の阿部厩舎に入門したとき、加賀は二十歳になっていた。

阿部正太郎厩舎に入門して二年、念願叶って騎手デビューをはたした加賀は、それまで鬱積していたものを一度に吐きだすような活躍をはじめた。デビューの年、いきなり五十八勝（うち障害二十一勝）をあげ、新人にして保田隆芳（八十八勝）、野平祐二（六十一勝）に次いで全国リーディング三位となるのである（関西の一位は浅見国一で四十勝）。この新人記録は二十七年後に武豊（六十九勝）に破られたが、武がリーディング六位だったと書けば、加賀のすごさをより感じる。

二年め。六十三勝をあげてリーディングの二位になった加賀は、春にはクニハヤで中山大障害に勝ち、秋にはタカマガハラで天皇賞に優勝している。平地と障害の最高峰とされるレースをデビュー二年めで制してしまったわけだが、リーディングジョッキーにもなった「千勝騎手」で中山大障害と天皇賞とダービーに勝っているのは加賀だけである。

三年めからは平地に専念するようになった加賀は、この年八十勝をあげてリーディングジョッキーとなると、五年連続でその座を守る。一九六七年には交通事故に遭って六位（関東三位）に甘んじたが、翌年からまた二年連続で全国一位となった。一九六三年には百一勝をあげて野平祐二につづいてふたりめの「年間百勝騎手」になり、一九六五年には百二十勝を記録している。加賀がリーディングジョッキーとなったのは都合七回（関東は八回）を数える。

加賀はまさに遅れてきた天才騎手だった。騎手デビューして最初の十年でリーディングジョッキー七回は武豊と並び、福永洋一の八回に次ぐ記録である。

初期の加賀は「逃げの加賀」と呼ばれていた。スタートから勢いよく先頭に立ち、最後まで抜かせない、エネルギーがほとばしるような騎乗が加賀の真骨頂だった。馬の感情に逆らうことなく逃げ、ひたむきに勝とうとする気持ちが勝利を呼び込んでいった。ただ、本人は「逃げの加賀」と呼ばれることをあまり好まず、自分はどちらかといえば追い込むほうが好きだ、と雑誌のインタビューや対談で語っている。

ところで、「逃げの加賀」を全国のファンに強く印象づけたのは一九六五年だった。桜花賞をハツユキ、オークスをベロナで逃げきった加賀は、ミハルカスに騎乗した有馬記念では三冠馬シンザンを相手に驚くべき逃げをみせるのである。

レース前からなんとかしてシンザンに一泡吹かせようと考えていた加賀は、スタートから二番手以下を大きく離して逃げ、最後の四コーナーをまわるとミハルカスを大外に導いた。追ってくるシンザンに雨で馬場が悪化したインコースを走らせようとしたのだ。しかしシンザンは、ミハルカスよりさらに外――テレビの画面ではシンザンが消えたように見えるほどの外埒沿い――をとおって追い込んでくるのである。いまでも競馬史に残る名レースとして語り継がれるあの有馬記念は、加賀の奇襲作戦が演出したものだった。

昭和四十年代の半ばもすぎると、「逃げの加賀」は「闘将」と呼ばれるようになっていた。勝ち星はすこしずつ減ってきていたが「闘う騎手」加賀の武勇伝はむしろこのあたりから多くなると言ってもいい。

そのころ、関東のファンのたのしみのひとつに、七歳年下の郷原洋行との戦いがあった。毎年のように関東のリーディングを争っていたふたりは、逃げ合えば互いに一歩もひかず、直線で馬体を並べれば激しい競り合いを繰りひろげていた。

その象徴的なレースとして語り継がれるのが一九七四年秋の天皇賞である。最後の直線、郷原のイチフジイサミがインコースを突いて抜けだすと、馬場の真ん中から追い込んできた加賀のカミノテシオがイチフジイサミの前をカットするように切れ込んで突き抜けるのである。ひとつタイミングを間違えば進路妨害となってしまうレースで、加賀はライバルの馬を破ったのだ。

加賀はこのとき用いた戦法を二年後のダービーでもみせている。圧倒的一番人気のトウショウボーイが逃げて四コーナーをまわったとき、加賀のクライムカイザーがトウショウボーイの視界を遮るようにして前にでたのだ。一瞬怯んだトウショウボーイはスパートのタイミングを逸し、ふたたび加速して追いすがったときにはクライムカイザーがゴールを駆け抜けていた。このとき加賀は三十八歳。念願だったダービー優勝は「闘将・加賀」を強烈に印象づけるレースとなった。

しかし、ダービーには勝ったものの、昭和五十年代にはいると加賀の成績は極端に落ち込んでいった。勝利数だけでいえば中堅騎手である。すでに天才騎手と言われたころの面影はなくなっていたが、それでも闘争心だけは失われなかった。

一九七九年の有馬記念では二連覇を狙った加賀のカネミノブは三着に負けるのだが、ゴール前で二着のメジロファントムに進路を妨害されたとする加賀は、その場で金を借りて異議申し立てをおこない、採決に激しくアピールしている。結局、アピールはとおらなかったが、「闘将・加賀」を語るうえで欠かせないエピソードである。

また、一九八二年の皐月賞では、一番人気のハギノカムイオーに十六番人気のゲイルスポートで激しく競りかけていった。まるでハギノカムイオーを負かすことが目的のようなレースぶりは、いまでも語り草になっている。

オールドファンが語る加賀のおもいで話はゲイルスポートあたりで最後になる。晩年の加賀は騎乗馬さえすくなくなり、かつての栄光が色あせてしまうような境遇におかれていた。それでも加賀は、貧しかった少年時代のように、いつまでも馬に乗れる幸せを感じていた。百五十センチの小さな体を丸めて馬に乗り、一緒に走っているときが一番幸せだった。そのころの『騎手名鑑』を見ると、加賀の「趣味」の欄にはこう書かれてある。

「馬に乗ることと馬を見ること」

増沢末夫

ハイセイコーから「鉄人」に

9

現在では競馬と関係のないバラエティー番組などでも騎手がテレビに出演する機会が多くなった。しかし、ヒット曲をうたう歌手として歌謡番組に出演した騎手は、いまだかつて増沢末夫しかいない。

一九七五年一月、ハイセイコーの引退と同時に発売された『さらばハイセイコー』（作詞・小坂巖、山田孝雄、作曲・猪俣公章）は四十五万枚を売りあげ、オリコンチャートでも四位にランクインする大ヒットとなった。

「誰のために走るのか　何を求めて走るのか」

増沢の歌声は全国津々浦々で流れ、「歌手・増沢末夫」は当時のアイドル歌手たちとおなじ番組にでては『さらばハイセイコー』を披露した。

五十四歳まで騎手をつづけた増沢は、晩年は「鉄人」というニックネームで語られることが多くなり、「鉄人・増沢」はいまでもとおり名となっている。それでもオールドファンの記憶に残る増沢末夫といえば、いつになってもハイセイコーの騎手なのだ。


北海道亀田郡大野村（現北斗市）。函館に近い小さな村が増沢末夫の故郷である。うまれたのは一九三七年十月二十日。日本全体が戦時体制に突入していった時代だった。末夫という名前が示すとおり、六人きょうだいの末っ子である。

家は農家で農耕馬はいたが、競馬とは無縁の環境で育っている。末っ子ということもあり、いつか北海道の寒村から抜けだしたいという思いが強かった増沢に転機がおとずれたのは十六歳のときだった。友人の兄に竹部鈴雄という騎手がいて、その竹部が落馬して入院しているときに見舞いに行ったのがきっかけだった。増沢の小さな体を見た竹部が、騎手にならないか、と誘ったのだ。

一九五四年九月、増沢は竹部から紹介された東京競馬場の鈴木勝太郎厩舎に入門。日本中央競馬会馬事公苑（東京・世田谷）にあった騎手養成所の長期騎手課程を経て、一九五七年三月にデビューする。

しかし、デビューはしたものの、勝てない日々がつづいた。初勝利まで四か月を要し、その年はわずかに三勝しかできなかった。翌年は三十二勝をあげたが、まだ成績に波があり、最初の十年間であげた勝ち星は三百に届かず、重賞勝ちもなかった。

それでも十年めの一九六六年には六十勝をあげて騎手成績の四位（関東三位）に躍進すると、翌年、はじめての重賞を制する。なんとそれがダービーだった。馬はアサデンコウ。スタート前に雷をともなう激しい雨が降りだしたなかでの勝利だった。

重賞に勝つまで十一年という歳月を要しながら、初重賞勝ちがダービーという運の強さをもっていた増沢は、それからも勝ち星では関東で五位前後、全国でもベスト十以内をつねにキープする安定した成績を残していく。そして一九七二年にイシノヒカルに乗って菊花賞と有馬記念を連勝すると、その翌年、公営南関東の大井競馬場からハイセイコーが鈴木勝太郎厩舎にやってくるのである。

ハイセイコーは馬主の関係で大井競馬場からデビューしたが、血統も一流で、仔馬のときから評判になっていたエリートホースだった。そして大井で六連勝を飾って話題となると、五千万円という破格の価格で中央にトレードされる。ハイセイコーを買ったのは凱旋門賞に優勝したばかりの馬を購入するなど海外でも話題を集めていた新進馬主で、中央では北海道日高地方の大手牧場が出資する「ホースマンクラブ」の所有馬として走ることになった。

ところが、おもしろいもので、初期のハイセイコー人気を支えたのは地方出身馬が中央のエリートを負かすという構図だった。そして中央移籍後も連勝をつづけるハイセイコーは「怪物」の愛称で呼ばれるようになり、老若男女、競馬を知らない人たちも巻き込んでのハイセイコーブームが沸きおこった。

だが、単勝支持率六十六・六パーセントという人気を集めたダービーでは三着に敗れ、菊花賞も有馬記念も天皇賞も勝てなかった。それでも人々は、不器用で、泥臭いほど生真面目に走るハイセイコーを愛し、応援した。勝てば歓喜し、負ければ負けるほど声援が集まった。

「逃げろよ逃げろよ　捕まるな」

増沢の歌のように、日本中のファンがハイセイコーを後押ししていた。

ハイセイコーブームのなかで、増沢はそれまでどんな大騎手でも経験したことがない重圧と戦いながら乗っていた。皐月賞、宝塚記念など七つの重賞に勝ちながら、一番人気で七度も負けているように、ハイセイコーにはいつも過剰な人気と期待がかけられていたのである。しかし、背負わされた責任が重かったぶんだけ、増沢末夫という騎手の名前も全国的に知られるようになっていった。

その一方で、ハイセイコーによって華やかなスポットライトを浴びた増沢には、「ローカル男」という呼び名も定着していく。

増沢は福島と新潟で際立った成績を残した。とくに福島は「増沢の庭」と表現されたほどで、増沢が乗るだけで人気になるほど絶大な信頼を得ていた。一九八一年には三回福島で十九勝をあげて当時の一開催の勝利記録をつくり、三十六年の騎手生活で手にした重賞八十三勝のうち十四勝が福島で勝ったものである。なかでも福島記念では六勝と際立った成績を残していて、一九八〇年には皐月賞馬ハワイアンイメージで勝っている。クラシックホースが福島記念に出走するのはめずらしいことだが、騎手が増沢ならば納得できるから不思議だった。

増沢が福島を得意とした理由のひとつに、スタートが抜群にうまかったことがある。小回りで直線が短い福島でいいスタートをきることは大きなアドバンテージとなり、当時、福島で逃げ・先行馬に乗せたら増沢の右にでる者はいなかった。

スタートがうまいという増沢の特長は、やはり逃げ・先行が有利とされる中山の千八百メートルでも存分に発揮された。中山記念四勝など「中山千八百メートルの重賞」に十四勝しているのである。

そんな増沢がはじめて騎手成績でトップに立ったのは一九七七年で、七十四勝をあげて関東の一位になっている（全国では福永洋一につづいて二位）。さらに一九八〇年にも関東で一位（全国二位）になった増沢は、翌年の三月二十一日には千勝を達成。さらにこの年は九十五勝をあげてはじめてリーディングジョッキーに輝いた。デビュー二十五年め、四十四歳のときだった。

だが、のちに「鉄人」と呼ばれる増沢の活躍はここからはじまるのである。翌年は百四勝をあげて二年連続でリーディングジョッキーとなっている。年間百勝を記録したのは野平祐二、加賀武見、福永洋一につづいて四人めだった。

それからの増沢は「史上初」とか「史上最高齢」という騎手記録を毎年のようにつくっていった。

一九八六年にはダイナガリバーで二度めのダービー優勝を成し遂げる。四十八歳。史上最高齢でのダービー優勝だった。

その年の暮れには史上はじめて一万回騎乗を達成すると、五十歳を超えてからも第一線で活躍をつづける。五十三歳になった一九九〇年には史上最高齢での年間百勝を記録し、翌年の十月二十日、五十四歳の誕生日に前人未踏の通算二千勝に到達するのである。

増沢の偉大さを知るには、十年区切りで勝ち数をみてみればいい。

十年(十九歳から二十八歳)二百八十四勝。

二十年(二十九歳から三十八歳)四百七十四勝。

三十年(三十九歳から四十八歳)七百九十二勝。

普通の騎手ならば引退していてもおかしくない四十歳代から加速するように勝ち数が増えていくのだ。さらに驚かされるのは四十九歳から引退するまでの最後の六年(実質五年)で四百六十六勝と、三十歳代の十年間に匹敵する数字を残しているのである。

そのうえ増沢は、引退した一九九二年をのぞく最後の十二年間はずっとランキングの五位以内(関東では三位以内)を維持していたのだから、まさしく「鉄人」である。

増沢がこれほど長く第一線で現役をつづけられたのは、肉体的に恵まれたことが大きかった。日頃から節制していたこともあるが、身長百五十一センチと小柄だった増沢には減量の苦しみはすくなく、晩年になっても体重を五十二キロに保っていた。また、天性の筋肉の柔らかさとか体の身軽さもあったのだろう、落馬をしても大けがをすることがほとんどなかった。格闘技の受け身とおなじで、落馬でけがをしないようにするのもまた騎手の技術のひとつだと増沢が証明してくれている。

一九九二年春、五十四歳になった増沢は騎手を引退して調教師に転じた。前年八十七勝をあげて四つの重賞に勝っていただけに、このまま引退してしまうにはあまりにも惜しい、とだれもが思う引退だった。

増沢には火花を散らす叩き合いとか驚くような奇襲というような派手なレースはすくなかった。それでも地道に自分のスタイルを守りながら勝ち星を積み重ね、それまでだれも到達できなかった二千十六勝という大きな数字を残したのである。

しかし、そうして積み上げた偉大な数字よりも人々の記憶に強く刻まれ、いまなお語り継がれているのはハイセイコーとともに戦った二年間である。

「ありがとう友よ　さらばハイセイコー」

四十五年前に増沢がうたった歌は、あの時代を生きたファンはずっと覚えている。

10 武邦彦

「名人」か「魔術師」か

若いファンにはぴんとこないかもしれないが、武豊がデビューした当初、「タケトヨ」と呼ぶファンが多かった。武豊がまだ武邦彦の息子——「タケクニ（武邦）の息子」——というイメージが強かった、ほんの短い期間のことである。

平成からの競馬ファンには武邦彦は武豊、幸四郎兄弟の父としての印象が強いと思うが、現役時代は「魔術師」とか「名人」と形容された、関西を代表する名ジョッキーだった。

武を「魔術師」と表現したのは詩人の寺山修司である。

〈武邦彦を見ていると、どういうわけか、私は子供時代に見た「手品使い」の男を思い出す。〉（『競馬への望郷』）

と寺山は書いた。そして、都会的で繊細で、どこにも勝負師の面魂の激しさを感じさせない武のレースでの変わり身を見ていると、やっぱり「魔術師なのではないか」と思ってしまうのだ、と言うのである。

「名人」と呼んだのはアナウンサーの杉本清だった。気がついたときには好位置につけ、直線でしずかに抜けだしてくる。その、派手さはなくても味わい深い武の手綱さばきを見ていて、「名人」ということばが自然とひらめいた、と杉本は武邦彦との対談（『優駿』一九八五年五月号）で語っている。

「追う」という技術にすぐれていることがいい騎手の条件でもあった時代のなかで、馬を操るようにして走らせ、いつの間にか勝たせてしまう武は異能の騎手だった。だからこそ、スタンドで見る人には「魔術師」とか「名人」のように思えたのである。

武邦彦は北海道出身だが、もともと武家は鹿児島・薩摩藩の藩士だった。北海道に移り住んだのは明治になってからで、武邦彦の祖父、武彦七の時代に北海道開拓のために函館に渡ったのだという。

彦七には園田実徳という兄がおり（兄弟の父は武家の出で、彦七は武家に養子として戻った形になる）、彦七は兄が函館郊外で経営していた園田牧場の運営を任されていた。彦七は日本における西洋馬術の祖として名高い函館大経の弟子でもあり、馬術の腕も達者だったといわれている。ちなみに、兄の園田は牧場を営みながら北海共同競馬会社の設立発起人にもなった競馬人だったが、海運や鉄道開発などで北海道の発展に尽力した実業家として北海道史に名を残す人物でもある。

彦七の息子たちも競馬界で活躍した。長男で武邦彦の父となる芳彦は、園田牧場を引き継ぎながら道営馬主会の理事などを務め、終戦後、函館競馬場でアメリカ進駐軍の競馬が開催されたときには馬主組合の副会長として開催業務に携わっている。さらに芳彦の弟三人（輔彦、富三、平三）も騎手になっているように、武家はまさに由緒正しい競馬一家だといえる。

武邦彦は一九三八年十月二十日、七人きょうだい（男六人、女一人）の三男として誕生した。終戦後は農地解放で牧場は縮小されてしまったが、武がうまれたころの園田牧場は馬が八十頭、牛が百頭もいる大きな牧場だったという。そこで幼少期をすごした武は、早くから馬に乗り、進駐軍競馬を見て競馬のおもしろさを知る。

武を競馬の世界に誘ったのは京都競馬場で調教師になっていた叔父の平三だった。武が中学二年のときである。

叔父の厩舎で修業しながら京都の中学校にかよった武は、それから東京・馬事公苑騎手養成所の短期講習を受講し、一九五七年三月に騎手デビューする。十八歳のときだった。

ところが、武にはひとつ大きな問題があった。騎手にしては背が高く、減量に苦労していたのだ。武平三厩舎にはいった当時はまだ背も小さくきゃしゃな体つきだったが、それからどんどん背が伸び、デビューするころには百七十センチを超えてしまっていた。

体重という問題をかかえてデビューした武は、最初の六年間は平地競走だけでなく障害レースにも騎乗している。二年めには騎乗回数百十九回中五十三回（十五勝中六勝）が障害レースだったほどで、はじめて重賞に勝ったのは三年めのアラブ大障害・春だった。

武の名前が知られるようになってきたのは七年めの一九六三年ごろからである。この年三十五勝をあげてリーディングの九位に大躍進し、三つの重賞を制している。体重の問題が解消されたことが大きかった。減量に苦労しなくなったことについて、武は、先の杉本との対談でこんなふうに語っている。

〈重いときは、57、58キロあったけど、一度ケガしてまじめに温泉治療したら、脂肪が全部とれ、それから軽くなった。だから僕は、ケガをするたびに目方が軽くなった。みんなは太るけど。〉

体重という難題を克服して平地専門となった武は、騎乗数も増え、関西のトップジョッキーとして実績を積みあげていく。当時の関西騎手界をみると、昭和四十年代の前半は高橋成忠が、昭和四十五年以降は若き天才福永洋一がリーディングを独走していて、武がトップに立つことはなかった。それでも、長い手足をうまく活かし、柔らかな当りで馬を御す、スマートな武の騎乗は「関西の野平祐二」とまで評されるほどだった。

デビュー十四年めの一九七〇年には通算五百勝に到達し、遅れを取り戻すかのように勝ち星を重ねていた武だったが、なぜか大レースには縁がなかった。それまでは皐月賞と菊花賞、天皇賞で一度ずつ三着になったのが最高の成績だった。いつしか、武が大レースに勝てないことは「競馬界の七不思議」のひとつと言われるようになっていた。

一九七二年。武邦彦にようやく大レースに勝つときがくる。桜花賞を八番人気のアチーブスターで勝ってしまうのだ。勝てるときは案外こんなものかもしれないが、ひとつ大きな壁を破った武は、それから堰をきったようにビッグレースを制していく。

桜花賞の一か月半後には日本ダービーに優勝する。この年は、前年暮れからの流感騒動の影響を受けてクラシックの日程は大幅に遅れ、ダービーがおこなわれたのは七月九日だった。ランドプリンス、タイテエムと〝関西三強〟を形成していた武のロングエースは、ゴール前で三強が首、頭で競り合う歴史的な名勝負を制したのだった。このとき武は、それまで先行していたロングエースを中団に控えさせ、最後の直線勝負に賭けた。ダービーの一番人気馬に乗りながら、一か八かの勝負にでた武の騎乗は、寺山が言う「魔術師としか思えないレースでの変わり身」を見せつけたものだった。

「ダービージョッキー」の称号も手にした武の活躍はつづく。一九七三年には、負傷休養中の嶋田功に代わって騎乗したタケホープで菊花賞に勝っている。逃げきり濃厚と思われたハイセイコーをゴールできっちりと捉えた菊花賞の騎乗は、武の名人芸のひとつとして語り継がれるレースである。

その翌年、武の前に最高のパートナーが登場する。キタノカチドキである。

キタノカチドキは六戦六勝で迎えた皐月賞でシード馬（単枠指定馬。一九九一年の馬連馬券導入と同時に廃止）の第一号となったことで知られる。皐月賞を楽勝したときにはシンザン以来の三冠馬、それも無敗のまま達成するのではないかという大きな夢が膨らんだほどの馬だったが、七枠十九番にシードされたダービーではコーネルランサーの三着に敗れている。「ダービーは運の強い馬が勝つ」といわれた時代の、典型的な例として語られるレースでもあった。それでも武は、距離不安がささやかれた菊花賞では、最後の直線でふらつくキタノカチドキを巧みな手綱さばきで優勝に導いている。天才的なスピードと瞬発力を持つ半面、激しい気性に問題があったキタノカチドキをうまくコントロールできたのは武だからこそ、という見方はおそらく間違っていないだろう。

武が騎手としての全盛期を迎えた一九七〇年代というのは、華のある名馬が毎年のように登場してきた時代だったが、そのなかでもっとも多くの名馬に騎乗したのが武である。ロングエース、タケホープ、キタノカチドキ、そしてトウショウボーイ。骨折で負けはしたがテンポイントのダービーにも騎乗している。乗り替わりもすくなく、関東の馬に関西の騎手が乗ることなどめったにない時代にタケホープやトウショウボーイのような名馬の手綱を任されたことは、武邦彦という騎手の存在の大きさと信頼の厚さを証明している。

そんな武が、おもいでに残るレースのひとつとしてあげるのが一九七八年の菊花賞である。優勝馬はインターグシケン。冷静に前の動きを見ながら好位置をキープし、直線ではインコースからするすると抜けだしてきたレースは、菊花賞を勝つにはこう乗ればいい、という教科書のような騎乗だった。杉本が言う「名人」というニックネームがこれほどぴったりするレースはない。

しかしそれが、武邦彦の最後のビッグレース優勝となった。

一九八〇年一月七日、武は通算千勝を記録する。五年前には七百八十八勝をあげて関西の最多勝記録をつくっていたが、関西の騎手として史上初めて千勝を達成したことで、名実ともに関西最高のジョッキーとなったのである。

そして一九八五年二月二十四日、武はしずかに最後の騎乗を終えた。通算七千六百七十九戦千百六十三勝。勝ち星は歴代五位（当時）になる成績だった。騎手生活二十九年めの四十六歳。三男の豊は競馬学校の二年生になり、四男の幸四郎が小学校に入学する春のことである。

高橋成忠

リーディングジョッキーは人格者

11

二〇〇七年、メイショウサムソンの移籍によって高橋成忠（しげただ）はもっとも忙しい調教師のひとりとなった。多くのマスメディアが厩舎に押し寄せ、ファンは高橋の言動に注目した。高橋はけっして饒舌ではない。しかし、どんな質問にも、ていねいに受け答えをしてくれる人である。馬インフルエンザによってメイショウサムソンのフランス遠征を断念せざるを得なかったときでも、嫌な顔も見せずに、状況をきちんと説明してくれた。

騎手時代は五年連続で関西のリーディングジョッキーになったほどの名手で、調教師としても三十年のキャリアを誇るベテランである。にもかかわらず、息子のような年齢の調教師や騎手にも敬称をつけて話すのが印象的だった。

「口数はすくないが、人格者」

高橋をよく知る人たちがそう口を揃える理由が、高橋に接してみてわかった。

高橋成忠は一九四〇年十月三日、大阪・枚方にうまれた。祖父は大きな洋傘問屋を営み、父は銀行員から枚方市議を務めた人物と、競馬界とはまったく縁のない家庭で育っている。

中学生になったころ、高橋がもっとも興味があったのは歴史だった。「将来の夢は歴史家か考古学者になることだった」と作家の虫明亜呂無のインタビューに答えている（『優駿』一九六七年三月号「騎手をたずねて」）。このとき高橋は二十六歳で、騎手になって八年が過ぎていたが、少年時代の夢を追っているかのように「いまでも休日には城や古墳を見て歩いている」とも語っている。それは調教師になっても変わらなかったようで、『調教師名鑑』にも趣味は「名所旧跡歩き」と記されている。

そんな高橋が競馬の社会にはいったのは、中学を卒業するときに日本中央競馬会の騎手候補生募集のポスターを見たことがきっかけだった。

「なんということなく馬にひかれた」

と高橋は言う。少年時代、高橋は父に連れられて京都競馬場で何度も競馬を見ているが、レースを見て騎手にあこがれたのではなく、ポスターを見て「なんということなく」というのがおもしろい。

一九五六年、東京・馬事公苑の騎手養成所（長期講習）にはいった高橋は、翌年の三月、阪神競馬場の佐藤勇厩舎に入門する。

佐藤は厩舎を開業したばかりで、高橋がはじめての弟子だった。のちに『優駿』で西野広祥（慶応大学教授）のインタビューを受けた佐藤は、関西のリーディングジョッキーになった高橋について問われると、最初の弟子だから厳しく育てた、と語っている。

〈私としても最初の弟子ですから、きびしくしたものです。しかしきびしさに耐えて、よくここまでやってくれたものだとうれしく思っています。〉（一九七〇年三月号「うまや訪問」）

佐藤によれば、高橋の乗り方が悪いからと手を上げたことが一度あったそうだが、高橋は「あれは自分が悪かった」と我慢していたという。そんな愛弟子を、佐藤は「根性がある男だと思った」とも語っている。

高橋がデビューしたのは一九五九年三月だった。この年は十四勝という成績だったが、十二月にはミスイエリユウで朝日チャレンジカップに勝っている。デビュー当初からすでにリーディングジョッキーとなる片鱗を見せていたのである。

高橋は二度めの関西リーディングジョッキーになったあと競馬週刊誌『競馬ブック』（一九六九年一月四、五日号）のインタビューに答えて、ミスイエリユウの勝利で騎手として自信がもてたと語っている。

〈何よりもこれ（朝日チャレンジカップ）で自信のついたことが大きかった。でもホシがとれて給料も身上金（進上金）も一人前になると、なぜか全然乗せてもらえず、つらい思いをしました。勝負に乗れない騎手なんて、ほんとさびしいもんですよ。だけど、僕はそのうち、こんなものかなあ、ってあきらめてしまったから、あまりクヨクヨしなかった。〉

高橋の言う「ホシ」とは、一キロ減量の見習い騎手を示す☆印のことである。見習い騎手に与えられる減量の特典がなくなってから、しばらくは騎乗馬に恵まれない時期がつづいていた高橋だが、六年めに大きな転機がおとずれる。佐藤厩舎のヒカルポーラで天皇賞・春に優勝するのだ。

この年の天皇賞は前年の二冠馬メイズイが圧倒的な人気を集めていた。しかし、メイズイがマイペースで逃げる展開になりながら、高橋のヒカルポーラは中団から徐々に進出して、直線できっちりとメイズイを捉えている。冷静沈着な手綱さばきが光ったレースだったが、このとき高橋はまだ二十三歳である。

その天皇賞で勝利騎手インタビューをしたのは若いアナウンサー、杉本清だった。杉本清は高橋との対談で、当時のことをこんなふうに振り返っている。

〈あの時、高橋調教師はインタビューで「ヒカルポーラにお礼を言いたい」とコメントしていたんですが、こんな感想をインタビューの中で吐露するのは当時としてはまだ珍しかったので、すごく印象に残っています。〉（『優駿』二〇〇七年九月号「杉本清の競馬談義」）

杉本によれば、職人気質の競馬人が多く、取材がむずかしかった時代に、高橋は気さくに応対してくれた数少ない騎手だったという。その姿勢はベテラン調教師となってからも変わることがなかった。

ヒカルポーラの天皇賞を境にして、高橋は大きく変わった。

騎乗馬が急増し、勝ち星も伸びた。一九六五年には四十八勝をあげて関西のリーディングジョッキーとなると、翌年は六十二勝をマーク、二年連続で関西のトップとなる。

そして、デビュー九年めの一九六七年には生涯最高の成績を残す。騎乗回数も五百十一回に増え、八十四勝をあげて全国のリーディングジョッキーとなるのだ。また、この年はシーエースで桜花賞にも勝っている。大外の二十番枠からスタートする不利を克服しての優勝だった。

二十七歳で押しも押されもしない日本のトップジョッキーとなった高橋は、そのあとも八十四勝、八十二勝という勝ち星をあげ、五年連続で関西のリーディングジョッキーの座に君臨するのだが、七十一勝をあげた一九七〇年は関西の二位に甘んじている。トップに立ったのは、彗星のごとく登場した若き天才ジョッキー、福永洋一だった。

しかし、六年連続の関西リーディングジョッキーは成らなかったものの、一九七〇年は高橋がもっとも輝いていた年でもあった。

その年の春、高橋は二度めの桜花賞を制している。馬は、可憐な容姿と、すばらしい逃げで時代のアイドルとなったタマミである。

タマミは東京競馬場の坂本栄三郎厩舎の馬だったが、桜花賞トライアルから高橋が騎乗している。そしてトライアルを三馬身半差で勝つと、一番人気に支持された桜花賞も四馬身差で逃げきっている。前年の桜花賞で、やはり一番人気のトウメイに乗って二着に惜敗していただけに、高橋にとって忘れられない勝利となった。

引退するとき、高橋はおもいでに残る馬としてヒカルポーラとタマミの名前をあげている。そして、タマミの桜花賞を「（福永）洋一君がトウショウボーイに騎乗したときとおなじ心境だと思う」と表現した。東西の交流がすくなかった時代に、関東のスターホースの騎乗を依頼され、人気を背負って大一番に挑む騎手のプレッシャーの大きさは現在からは計り知れないものがあったのだろう。

さらにその年は、春の天皇賞をリキエイカンでレコード勝ちしている。ゴール前は野平祐二のフイニイと池江泰郎のホウウンとの叩き合いとなり、インコースを突いて伸びてきたリキエイカンが首差で競り勝ったのだ。

「四コーナーで内を突いたのは、ホウウンのうしろについていれば内が開くと思っていたから。それに外にフイニイがいたので、その外を回らされては不利だからね」

レース後の高橋のコメントである。関西ナンバーワンジョッキーらしい、心憎いほど冷静な騎乗だったことがよくわかる。

だが、二十歳代の半ばから一時代を築いた高橋も、三十歳を過ぎてからはしだいに勝ち星も減っていった。そのころの高橋を支えたのは佐藤勇厩舎のスカイリーダとシルバーランドだった。スカイリーダは一九七四年の京都記念・春ではタニノチカラを破るなど、重賞三勝の活躍をした。シンザン産駒のスピード馬として活躍したシルバーランドは、二千メートルではじめて二分をきった（一九七三年愛知杯、一分五十九秒九）馬としてよく知られている。シルバーランドはまた、騎手・高橋成忠の最後の重賞（一九七六年CBC賞）勝ち馬にもなった。

一九七七年二月、高橋は現役を引退した。歴史家になるのが夢だった少年は、「なんということなく馬にひかれて」騎手になり、五年連続で関西のリーディングジョッキーに輝き、七百四十九の勝利をあげ、三十六歳の若さで調教師に転じることになった。

二〇〇七年の秋、メイショウサムソンの取材で栗東トレーニングセンターの高橋成忠厩舎をおとずれた。厩舎事務所の入り口には「赤、白鋸歯形」の勝負服がペイントされたジョッキー人形が置かれている。気になってたずねると、高橋は目を細めて言った。

「これは騎手時代に乗っていたシルバーランドの勝負服なんです。お世話になった馬主さんで、いまは跡を継ぐ人がいなくなったので、わたしがこうして残しているんです」

それが高橋成忠という人である。

12

横山富雄

障害。フリー。そしてメジロ

一九八六年の春、デビューを前にした新人騎手たちを取材した。この年の新人はＪＲＡ競馬学校の第二期生が中心で、そのなかで一番の注目は横山典弘だった。

父は横山富雄。「障害の横山」「フリーの横山」「メジロの横山」などと呼ばれた往年の名手で、三年前に四十三歳で騎手を引退して調教助手に転じていた。直接取材したことはないが、渋く、おだやかな雰囲気を醸しだしていた騎手で、なによりも長距離レースではファンから絶大な信頼を得ていた。

その横山の二男がデビューするということでわたしたちも取材に行ったのだが、息子は父とは対照的で、やんちゃな雰囲気を漂わせた、あかるく闊達な少年だった。

横山富雄は一九四〇年二月二十五日に北海道虻田郡豊浦町にうまれた。七人きょうだいで三男だった。家は農家だったが、横山が騎手になったころには馬も生産していた。近くにはタカオー（天皇賞・春）やダイナナホウシュウ（菊花賞、天皇賞・秋）などの生産牧場として知られる飯原農場（飯原牧場）があり、こどものころからよく遊びに行っていた。そこの場長にすすめられて十五歳で上京した横山は、東京競馬場の小西喜蔵に入門する。小西は初代三冠馬の騎手としても知られ、一九五〇年に調教師になっていた。しかし、横山を競馬の社会に導いたのは、馬が好きだとか騎手になりたいという積極的な思いではなく、ふつうの地方の少年と変わらない「東京へのあこがれ」だった。

横山は騎手見習いとして小西厩舎で働きながら、馬事公苑・騎手養成所の短期講習生（一週間ほどの講習を年に二、三度受講する）となった。同期には吉永正人や中野渡清一らがいる。一般に、二年間しっかりと受講研修する長期講習生と比べて、短期講習生は騎手試験に合格するまで時間がかかる。横山も弟子入りしてから合格するまで六年の時間を要している。デビューしたのは一九六一年三月、二十一歳になっていた。

それでもデビュー一週間後に勝ち星をあげ、この年は障害と平地で五勝ずつ勝って十勝している。二年めは八勝（障害六勝）、そして三年めには二十五勝（障害二十一勝）でリーディングの全国二十五位まで順位をあげている。この年は中山大障害・秋ではじめての重賞に勝っている。馬は不世出のジャンパー、フジノオー（橋本輝雄厩舎）である。

後年、横山が複数のインタビューで語っているところによると、中山大障害は稲部和久がフジノオーに乗る予定だったが、稲部が主戦を務めていたキンタイムという馬も出走するために、横山にまわってきたのだという。フジノオーが強くなる前だったことも幸運だった。横山は前哨戦のオープン（三着）から乗り、四頭立ての中山大障害を四番人気で優勝している。ちなみに、稲部のキンタイムは三番人気で三着だった。

ここからフジノオーは中山大障害四連覇という大記録を樹立する。四勝めの一九六五年春は六十七キロを背負い、弟のフジノチカラに大差をつけて勝っているが、五連勝がかかった秋は六十八キロのハンデに苦しみ二着に負けてしまった。その後、ヨーロッパ遠征にでたフジノオーは日本馬としてただ一頭イギリスのグランドナショナルに出走（競走中止）し、さらにフランスで二勝するなど日本の障害馬として大きな足跡をのこすが、ヨーロッパでは現地の騎手が乗っている。

一方、フジノオーによって名をあげた横山は一九六八年にはフジノホマレで五度めの中山大障害に勝つなど、障害だけで二十六勝している。障害の勝率は四割一分九厘、連対率は六割二分九厘という驚異的な数字も残した。

「障害の横山」というとおり名がすっかり定着していたが、平地でもすこしずつ結果をだしていた。一九六七年には三十九勝をあげて全国成績で十二位（三十四勝の一九七四年と並ぶ自己最高順位）に躍進しているのだが、そのうち平地が二十五勝、小西厩舎のリコウという馬で平地重賞（ステイヤーズステークス）にも勝っている。

横山はフリー騎手のさきがけとしても知られている。小西厩舎をでたのは一九六八年の秋である。フリーの先輩には渡辺正人と小野定夫がいたが、渡辺は横山がデビューした二年後に引退し、小野は横山がフリーになった翌年、落馬事故が原因で亡くなっている。一九七九年に田村正光がフリーになるまで、横山はただひとりのフリー騎手だった。

横山はプライベートでも親交のあった西野広祥（慶応大学教授）のインタビューで、フリーになったときの思いを吐露している。

「けっして厩舎を怨んだりはしていないんですが、下手と思われていたのでしょうか、あまり乗せてもらえなかったんですよ」（『競馬研究』一九七一年四月）

騎乗機会を求めてフリーになった横山にすぐに大きな転機がおとずれる。一九六九年、メジロタイヨウで勝ったアルゼンチンジョッキークラブカップである。騎乗予定だった徳吉一己が乗れなくなり、調教師の八木沢勝美から声がかかったのだ。この勝利で横山はメジロタイヨウの主戦に抜擢され、秋には天皇賞にも勝っている。八大レース初優勝だった。フジノオーのときもそうだったが、代役で巡ってきたチャンスを横山はしっかりとものにしていった。

一九七〇年の夏。騎乗停止になった横山は、メジロタイヨウの八木沢にすすめられて、函館競馬場に滞在していた「メジロ」の馬に調教をつけている。それがきっかけで、騎乗を依頼されたのが、当時はまだ条件馬だったメジロムサシ（大久保末吉厩舎）である。函館で二連勝したメジロムサシは、翌年の春に目黒記念、天皇賞、宝塚記念と三連勝している。「メジロ」の北野豊吉（北野建設）は横山がうまれた豊浦町に隣接する伊達市にメジロ牧場を開設し、生産馬で天皇賞に勝つことを目標としていた馬主だった。タイヨウとムサシで天皇賞に勝った横山を北野は主戦騎手として起用するようになる。

「メジロの横山」の誕生である。

「北野さんに拾われたようなものですね。そうでもないと、日本では、フリーというのはむずかしいですよね」

横山は西野のインタビューでそう語っている。

メジロムサシで天皇賞に勝った一九七一年、横山は障害をやめて平地レースに専念している。もともと体が大きくて障害をメインにしていたわけではなく、偶然にフジノオーに巡り会い、「障害の横山」というイメージができてしまったのだ。本人も障害騎手の枠に収まりたくないという思いも強かった。

平地専門になった横山は一九七三年にはニットウチドリで桜花賞に勝った。オークスは二着に負けたが、秋のビクトリアカップ（現在の秋華賞に相当）に勝ち、有馬記念ではハイセイコー、タニノチカラ、ベルワイルドら牡馬の強豪をひきつれるようにして逃げ、ストロングエイトの二着に粘っている。

フリー騎手の先輩で、引退後は競馬評論家として活躍していた渡辺正人は、横山を「長距離レースのペース判断は現役騎手では一、二を争う」と称え、スピードタイプのニットウチドリが長い距離で活躍できたのは「馬に力があったのと同時に、横山の技術があってこそできた芸当だ」とも語っている（『アサヒ芸能』一九七七年四月二十八日号）。障害レースで培った経験が長距離で生かされていたということだ。

一九七五年、横山は外国でも騎乗している。二月には香港の国際騎手招待レースに招かれ、レスター・ピゴット（イギリス）、イブ・サンマルタン（フランス）ら世界的な大騎手を相手に一勝している。さらに秋にはツキサムホマレ（横山が乗って函館記念二勝）でワシントンDC国際にも参戦した。三年前にメジロムサシが凱旋門賞（十八着）とワシントンDC国際（七着）に出走したときには野平祐二が乗ったために、はじめての外国のビッグレース騎乗になったが、優勝馬から三十馬身離された最下位（九着）に終わった。

ここまで、横山の晩年しか知らないわたしは資料をもとに書いてきたが、最後は自分の記憶のなかにある横山を記しておく。「不運」「名脇役」ということばが浮かんでくる。

キクノオーは東京が得意な追い込み馬だった。しかし二度の天皇賞・秋は追い込んで届かず、ともに四着だった。

ダイワテスコはかわいそうだった。四連勝で臨んだ桜花賞は八枠二十一番に単枠指定され、挙げ句の出走取り消し。オークスも最外枠の二十六番で二十着に大敗した。

横山の最後の大レース優勝は一九七八年のオークスだった。抽籤馬（中央競馬会がせりで購買し、同一価格で希望馬主にくじ引き売却した馬）のファイブホープ。五番人気で、単勝は十七・二倍。驚きが大きかった。

「メジロの横山」といえば、わたしにはメジロファントムである。グリーングラスを追いつめた有馬記念。泥んこのなかでスリージャイアンツと叩き合った天皇賞・秋。ともに鼻差の二着だった。

朝日杯三歳ステークスに勝ったリンドタイヨーは東京四歳ステークスも楽勝してクラシックの最有力候補となったが、故障で皐月賞、ダービーにでられなかった。

横山の最後の重賞優勝はプリテイキャストのダイヤモンドステークスだった。七馬身差の逃げきり。もしかすると、これがもっとも横山の個性がでたレースだったかもしれない。


横山典弘は父の通算勝利（五百五十九勝）の約五倍の勝ち星をあげ、五十歳を超えても第一線で活躍している。若いときには様々な面で取材者泣かせの騎手だったが、いまでは騎手になった息子たち（横山和生、武史）の手本のようにふるまい、時折見せる長距離での巧妙な逃げには横山富雄という名手の姿が重なる。

吉永正人

逃げるか、追い込むか

13

騎手生活二十五年の通算成績は二千七百五十三戦四百六十一勝。現在のトップジョッキーならば四年もあれば簡単に到達できる数字である。実働二十四年として計算してみても、一年の平均騎乗回数はおよそ百十五回（週二、三回ペース）で、勝ち星は二十に満たない。

これが吉永正人が騎手時代に残した成績だ。

しかし、その数字をよく見てみると、勝率と連対率の高さに驚くことになる。生涯勝率一割六分七厘、連対率は三割七厘。減量に苦労したことで騎乗回数がすくなく、名門〝松山厩舎〟の主戦騎手ということもあって勝率は自然と高くなったのだろうが、六十五年の中央競馬の歴史のなかで四百勝以上の成績を残して、なおかつ吉永の勝率を上回るのは清田十一、保田隆芳、野平祐二、栗田勝、福永洋一、安藤勝己の六人。現役では武豊とクリストフ・ルメール、ミルコ・デムーロだけである。それだけでも吉永が残した数字の価値を実感できる。

吉永正人といえば三冠馬ミスターシービーの騎手であり、「逃げるか追い込むか」という極端なレースをした個性派ジョッキーとして語り継がれている。しかし、数字を見ると、ほんとうの吉永は「勝つ能力のある馬をきちんと勝たせる」という、一流騎手の証となるたしかな技術をもった騎手だったのではないか、と思うのである。

一九四一年十月十八日、吉永正人は鹿児島県肝属郡串良町（現鹿屋市）にうまれた。大隅半島の中央部に位置するこの町は古くから馬の生産が盛んで、多くの競馬人をうんできたが、吉永の生家もまた牧場を生業としていた。

ノンフィクション作家、井口民樹の『三冠騎手吉永正人』によれば、吉永家は平家落人伝説のある甑島（鹿児島県薩摩川内市）の出身で、先祖は平家一門の公卿だったと伝えられているそうだ。吉永家が牧場をはじめたのは曾祖父の吉永新九郎（西南の役では西郷隆盛軍の騎兵として参戦した）で、明治三十（一八九七）年ごろだったという。明治三十年といえば、競馬法の制定に尽力した加納久宜子爵――安田伊左衛門が「競馬の父」と称えた競馬界の偉人――が鹿児島県知事だったときで、加納が競馬を開催したことで鹿児島の馬産が復興した時期と重なる。

鹿児島馬産界の草分け的な存在だった老舗牧場に、七人きょうだい（男五人、女二人）の二男としてうまれた吉永は、ものごころついたときから馬に接し、家の仕事を手伝いながら育っている。しかし、騎手をめざしたのは自分の意思ではなく、父の澄徳から「騎手になれ」と言われたからだった。

中学三年の秋、吉永は卒業を待たずに東京にでる。馬を運ぶ馬運車に乗っての上京だった。ところが、馬事公苑の長期騎手講習生を受験して不合格になる。体重が重かったことも落ちた原因だった。吉永は父親から「騎手になれ」と言われたころから体に肉がつきはじめ、中学のときから食事制限をしていたという。

試験に落ちた吉永は、知人の紹介で同郷の松山吉三郎調教師（東京競馬場）に入門し、ここではじめて馬に乗ることを教わっている。そして、体重も減らし、馬事公苑の短期講習を受講して一九六一年にようやく騎手免許を取得する。上京して三年半、十九歳になっていた。

騎手になってからの吉永はゆっくりとした過程で成長していった。デビュー年は八勝だった。四年めにはじめて重賞（きさらぎ賞、フラミンゴ）に勝ち、二十八歳になった一九六九年には逃げ馬のライトワールドに乗って三つの重賞を制し、レース当日に急遽乗り替わったタケシバオーで英国フェア開催記念（スプリンターズステークス）にも勝っている。

翌一九七〇年はタマアラシで東京四歳ステークス（現共同通信杯）に勝ったが、レース後に骨折が判明している。後年、吉永は、印象に残る馬として、大レースに勝った馬よりも先に、故障してしまったり不運に泣いた馬の名前をあげることが多かったが、もっとも印象に残っているというのがこのタマアラシである。デビューから三連勝でクラシック候補となった馬を故障させてしまったことが悔やまれると言うのだ。

また、この時期の吉永といえば、関東のオールドファンにはなつかしい馬がいる。コウジョウとゼンマツである。ぽつんと一頭だけ最後方を進んで、最後に直線で追い込んできた、この二頭の活躍によって「追い込みの吉永」のイメージができあがるのである。

ところが、吉永正人という名前もファンの間に浸透してきた一九七一年には四十勝をあげて騎手成績で全国八位までのぼりつめるのだが、この年をピークにして成績は下降線をたどっていく。一九七四年から七六年までの三年間であげた勝利はわずかに四十三、重賞からも遠のいていた。私生活でも辛いことがあり、この時期の吉永は沈んだ表情をしていることが多かったという。

そのとき吉永を救ってくれたのがシービークインである。小さな黒鹿毛で、大きな目をしたシービークインは一九七六年のオークストライアルを逃げきって、オークスでも三着に逃げ粘っている。その後も毎日王冠をレコードタイムで逃げきるなど、すばらしいスピードをもった名牝だった。

シービークインの活躍を機に吉永はふたたび重賞戦線をにぎわすようになる。しかし、人気になりながらビッグレースを勝てない、もどかしいレースを重ねるのだった。

調教中の骨折で死亡してしまった悲運のアメリカ産馬ギャラントダンサー。「白い稲妻」と呼ばれた追い込み馬シービークロス。ノーザンテースト産駒の快速牝馬シャダイダンサー。大レースで惜敗がつづき「無冠のプリンス」と言われたモンテプリンス。NHK杯を快勝しながらダービー前に骨折してしまった大器アスワン……。

追い込んでは届かない。逃げては差される。さらに不運の事故――。競馬の神様はわざわざ吉永を選んで悪戯をしているかのようだった。

それでも吉永はこの時代もっとも多くのファンに支持された騎手だった。個性的で、スリリングなレースを見せられ、それでいて連対率は抜群にいいのである。

その一方で、「逃げるか追い込むか」という極端な騎乗で大レースの惜敗がつづくと、批判の矛先は吉永に向けられる。人気馬が負けたとき、その責任の一端を問われるのはプロの騎手として当然のことである。しかし、どんなに批判されても、吉永は弁解も言い訳もいっさいしなかった。そのことについて井口民樹がたずねると、こう答えたという。

〈自分の人生だもの。人のせいにして生きたくないですよ。〉

まさしく薩摩隼人である。

だが、吉永も四十歳を迎えると、八大レースの連敗記録がマスメディアで話題となっていた。だれが数えたのか、その数は五十三にも達していた。

一九八二年四月二十九日、天皇賞。吉永は不名誉な記録についに終止符をうった。

「無冠のプリンスにはたして春がおとずれるか！」

実況アナウンサーが叫ぶなか、モンテプリンスは先頭でゴールインする。多くの人に現役最強と認められながら大レースに勝てなかった馬がついにビッグタイトルを手にした。

「吉永の長年の苦労が報われました」

厳格で、マスコミ人でさえ近づきにくい雰囲気があった松山吉三郎が目を真っ赤にして吉永とモンテプリンスの勝利を喜んだという。批判の声には耳を貸さず、負けても負けても吉永を起用しつづけた大調教師にとっても、一九六二年のダービー（フエアーウイン）以来二十年ぶりの大レース優勝であった。

さらにモンテプリンスで宝塚記念にも勝った吉永は、この年の秋、生涯最高のパートナーに出会う。ミスターシービー。吉永が苦しんでいたときに一筋の光を当ててくれたシービークインの息子である。

ミスターシービーと吉永のコンビは一九八三年のクラシックを勝ち進んでいった。ミスターシービーの容姿は母親にそっくりだったが、レースはまるで対照的だった。一度闘志に火がつくとスプリンターのように突っ走ってしまう馬を最後方で我慢させることで、吉永はミスターシービーを三冠馬へと導いたのだった。

吉永は四十歳を過ぎて騎手人生の最高のときを迎えていた。しかし、モンテプリンスとミスターシービーで脚光を浴びた一九八二年から八四年までの三年間で、二百九十五回しか騎乗していない。勝ち星は五十六。勝率は一割九分。五十六勝のうち十五勝が重賞で、七勝がいまでいうＧＩだった。騎乗機会がすくなくなっても、だいじなレースではきちんと結果をだしていたのである。

だが、二十年以上過酷な減量をつづけてきた吉永の体はすでに限界だった。この時期、負担重量が五十三キロの馬に乗るためには七キロから八キロの減量が必要だったという。

一九八六年三月六日、ミスターシービーの引退から五か月後、吉永は騎手引退を発表する。突然の引退表明はファンだけでなく競馬関係者をも驚かせたが、吉永らしく、潔い引き際であった。

突然の引退発表から三日後の三月九日、中山競馬場。最終レース（吉永が乗ったニットウタチバナは十一着に終わったが、関東のファンはこの馬を一番人気にした）のあとに吉永の引退式が用意された。吉永のあいさつが終わると、最後のレースをともに騎乗した十四人の騎手が駆けより、胴上げした。五百勝に満たない騎手の引退式がおこなわれるのも異例ならば、騎手仲間による胴上げも吉永がはじめてであった。

14 中島啓之

「あんちゃん」の最期

人は中島啓之（ひろゆき）という騎手をどんな形で思いだすのだろうか。

「あんちゃんは男のなかの男だった」

飲み仲間だった元騎手たちは言うだろう。「あんちゃん」と呼ばれて騎手仲間に慕われていた中島は、酒と人を愛し、人望の厚いジョッキーだった。

「取材に協力的な騎手だったな」

定年退職となった元記者たちは現役時代を思いだすだろう。競馬はファンがいることで成り立っていると考えていた中島は、頑固な職人気質の人が多かったむかしの厩舎社会のなかではめずらしく、常識的に取材者に接してくれる騎手だった。

「中島にはずいぶん儲けさせてもらったよ」

ラファール、ストロングエイト、コーネルランサー……。オールドファンは中島が乗っていた馬たちの名前をなつかしそうに口にするだろう。「万馬券男」として名を馳せ、ここ一番で頼りにされた中島には「穴党」のファンが多かった。

そして、ひとしきり中島のおもいでを語った男たちは無口になり、だれもがあのシーンを思い浮かべる。もう三十五年も前になるダービーの、あの四コーナーを。

「史上初の父子二代のダービージョッキー」

中島啓之を語るときに決まって使われるフレーズである。父の中島時一は戦前の騎手兼調教師で、一九三七年にヒサトモでダービーに勝っている。

中島がうまれたのは時一がダービーに勝った六年後、戦時中の一九四三年六月七日だった。時一は阪神競馬場を本拠地にしていたが、当時は各地の競馬場を転戦しながら騎乗することが多く、中島は東京競馬場のある東京・府中でうまれたが、すぐに競馬は中止になる。戦火は激しさを増し、中島家は時一の故郷でもある広島県高田郡吉田町（現安芸高田市）に引っ越している。

終戦後、競馬が再開してからも時一が競馬場に戻ることはなかった。戦前、時一はヒサトモの馬主、宮崎信太郎の専属騎手だった。函館で港内運送や造船業を営んでいた宮崎が戦後になって馬主をやめてしまったこともあるのだろうが、時一は疎開した広島の山間部で農業をつづける生活を選んだ。

そういうわけで、中島の記憶は広島の農家からはじまる。時一はむかしのことはあまり話さず、競馬については父のアルバムのなかでしか知らなかった中島が、騎手をめざす最初のきっかけになったのは村の草競馬だった。草競馬には時一がひきとって農耕馬にした元競走馬もでていたが、それをみごとに乗りこなしてしまう宗貞ヒデカという少女がいて、自分も彼女のようになりたいと思うようになったと語っている。

〈とにかく、あこがれの女傑だった。ぼくが騎手になったのもこの宗貞ヒデカという女の影響が強いんですよ。ぼくより三つ年上の小学生なのに、もうサーカスの曲芸みたいに馬を乗りこなすんだな。〉(『優駿』一九八三年三月号「密着ルポ」、文・草場丈二)

草競馬で活躍していた少女にあこがれて騎手を意識するようになった中島は、中学生になった夏休みに父に連れられて京都競馬場に行く。このときはじめて本物の競馬を見て、騎手になりたいという思いがより強くなった中島は、中学を卒業するときに父に相談する。息子の夢をきいた時一は、賛成も反対もせず、ひとつだけアドバイスしたという。

「馬事公苑に行けばいい」

父のアドバイスどおりに、一九五九年に馬事公苑の騎手養成所（長期課程）にはいった中島は、二年後の四月に東京競馬場の調教師、奥平作太郎に入門、翌一九六二年に騎手デビューする。

一年めは三勝にとどまったが、二年めに二十六勝をあげ、四年めには重賞（東京アラブ障害特別）にも勝った。しかし、デビューしてから十年ほどは毎年二十勝から三十勝ていどの勝ち星にとどまり、ビッグレースとは無縁の生活をおくっている。そのころの奥平厩舎は小さな厩舎で、強い馬がすくなかったうえに、勝負レースになるとよその厩舎のベテラン騎手が乗ることが多かった。

この、低迷していた時期のことを中島自身はこんなふうに語っている。

〈ちょうど、保田、加賀の全盛時代でね。数年間はがまんしなければならなかった。だからくやしかったよ。ぼくが乗る馬というのは、しばらくはほとんどが無印の馬だった。（中略）先生（奥平作太郎）からは、とにかく勉強だからいろいろやってみろと言われてね、レースをやりながら追う練習やスタートのタイミングとかいろいろと勉強し

たよ。〉（『優駿』密着ルポ）

そのころの中島は小島太とよく酒を飲んでいる。小島は四歳年下だったが、中島とおなじように騎乗馬に恵まれず、くすぶっていた時期だった。中島と親交があった西野広祥によれば、この時代の中島にとって小島の存在が大きかったという。

一九六九年春、入門してからずっと息子のようにかわいがってくれていた奥平作太郎が亡くなった。師匠を失った中島は二年ほど稲葉幸夫厩舎に身を寄せていたが、作太郎の二男、奥平真治が調教師になると奥平厩舎に戻り、主戦ジョッキーとして活躍をはじめるのである。

最初の活躍馬は、重馬場が得意で「雨のラファール」と呼ばれた牝馬、ラファールだった。一九七二年の安田記念を十三番人気で勝って驚かせた中島とラファールは、翌年の京王杯オータムハンデも七番人気で優勝している。

たびたび人気のない馬で勝つ中島はいつしか「万馬券男」と呼ばれるようになっていたが、それを決定的にしたのは一九七三年の有馬記念だった。ハイセイコーが圧倒的な人気を集めていたレースを、十番人気、単勝四十二倍のストロングエイトで勝ってしまったのだ。しかも二着には桜花賞馬のニットウチドリが逃げ粘り、連複（枠連）は一万三千三百円。「万馬券男」にふさわしく、はじめての大レース優勝を特大のビッグショットで飾ったのだった。

これを転機にして中島は大きく変わった。

一九七四年にはコーネルランサーでダービーに勝って「父子二代のダービージョッキー」となる（奇しくも、おなじ三十一歳だった）。インターグッドとの競り合いを鼻差で制し、キタノカチドキという大本命馬を破っての勝利だった。

翌一九七五年にはコクサイプリンスで菊花賞に勝つと、一九八二年にはアズマハンターで皐月賞を制して、史上十人めの三冠ジョッキーとなっている。

技術面だけでなく、人間性でも関係者の信頼が厚く、ファンからも頼りにされる騎手になっていた中島だが、不思議なことに、リーディングジョッキーを争ったのはたった一度しかない。生涯最高となる六十三勝をあげた一九八〇年である。

この年、中島は十二月になっても増沢末夫と激しくトップ争いを演じていて、おなじ勝ち星で並んだまま有馬記念後の最終レースを迎えた。しかし、最終レースは一番人気の馬に騎乗した増沢が逃げきり、中島の馬は三着に終わった。関東二位、全国で三位というのが中島が残した最高の順位となった。

騎手としてトップに立つことはなかったが、中島啓之という男はだれからも慕われ、信頼されていた。騎手クラブの役員として騎手の待遇改善に尽力し、『優駿』の一週間の密着ルポにもこころよく応じてくれたように、どんな取材にも協力してくれる騎手だった。

そんな中島がもっともたいせつにしていたのが酒と友人で、酒の話題なしでは中島啓之という男を語れない。密着ルポでも毎日の最後は「痛飲」で締めくくられ、中島の妻も、「この人は、馬に乗ることとお酒を飲むことしか知らないんですから」と語っている。

中島とは「飲みともだち」だったという西野広祥は、中島と出会ったのは府中に近いスナックで、そこには騎手仲間がいつも集まってきたと書いている。

〈大崎昭一もいたし、吉永正人もいた。菅原泰夫、田村正光、小島太、横山富雄等がときどきやってくる。柴田政人も来たし、福永洋一も何度か来ている。／中島は酒を愛したが、量はたいしたことない。節酒をしたわけではなく、本質的に酒豪ではなかった。ビールを二、三本飲んで酔いがまわってくる。〉（『優駿』一九九六年七月号）

しかし、酒豪でもないのに酔いつぶれるまで飲むことが多かったという中島の肝臓は好きな酒によって蝕まれていった。

一九八五年春、中島は好調だった。騎手として円熟期を迎えていたといってもいい。ＮＨＫ杯を六番人気のトウショウサミットで逃げきり、オークスでは五番人気のナカミアンゼリカを巧みに御して二着にはいっている。関東の騎手でも四位の勝ち星をあげていた。だが、このとき中島の肝臓は末期の癌に冒されていたのである。それでも中島は馬に乗りつづけていた。医師は宣告の時期をうかがっていたが、中島は、

「ダービーだけは乗せてください」

と懇願し、あの日を迎えたのだった。

一九八五年五月二十六日、日本ダービー。中島はトウショウサミットに乗って逃げた。これが最後のダービー、いや、最後のレースになると知っていたのだろう。うしろの馬が迫ってくると、絶対に先頭は譲らないと前にでる。しかし、逃げて、懸命に逃げて、ようやく大観衆が迎えてくれる直線に向かおうとする四コーナーで、トウショウサミットと中島啓之は力尽きる。そしてそのまま馬群のなかに消えていった。

中島啓之はダービーの九日後に入院した。馬の背に戻ることなく、一九八五年六月十一日にこの世を去った。残した勝利は七百二十九。享年四十二。

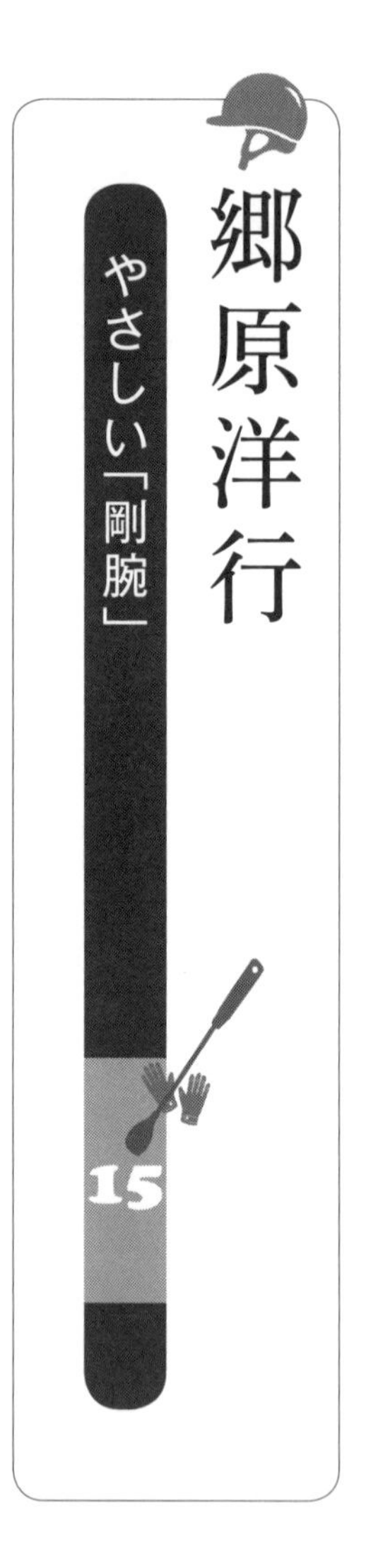

郷原洋行

やさしい「剛腕」

ゴーワン・ゴーハラ――。

「剛腕・郷原」という愛称の音の響きがそういう印象を植えつけてしまったのかもしれないが、郷原洋行という騎手には男っぽさとか豪快さ、あるいは寡黙で怖そうな人というようなイメージがある。それに加えて――失礼を承知で書けば――、目鼻立ちがはっきりした、いくらか厳つさを漂わせた風貌も「ゴーワン・ゴーハラ」の音に妙にマッチしている。

通算千五百十五勝。重賞優勝は八十四を数えるが、ビッグレースの優勝馬はすべて牡馬である。ダービーや天皇賞の優勝騎手に郷原洋行という名前はよく似合ったが、桜花賞とかオークスというイメージは沸かないのである。

しかし実際の郷原は見た目やイメージとは違い、レースはつねにフェアプレーで、きれいな騎乗を心がけていた騎手だった。マスメディアの取材にも協力的で、笑顔を絶やさず、率直に話してくれる人だった。また、日本騎手クラブの会長として、自分の成績を顧みず、騎手界全体のことを考えて発言し行動したこともよく知られている。


鹿児島県鹿屋市。大隅半島の中央に位置するこの町は、太平洋戦争末期、特攻隊が飛び立っていった日本海軍の航空基地があったところとして有名だが、近くの町には競走馬の生産牧場や九州種馬場もある、古くからの馬の産地でもあった。

一九四四年一月二十一日、郷原洋行は鹿屋の農家にうまれた。五人きょうだいの三番めで、二男だった。郷原が小学四年のときに母を亡くし、きょうだいは父親の手で育てられている。

九州の馬産地にうまれ育った郷原だが、農耕馬に乗ったり父親に連れられて地元のお祭り競馬を見に行くことはあっても、競馬とは無縁の少年時代を過ごしている。

騎手になろうと思ったのは、東京に行きたいという思いからだった。郷原が中学を卒業した当時、鹿児島から東京にでる人はすくなく、就職口も簡単には見つからなかった。そんなときに、日本中央競馬会の騎手講習生募集の広告を見た。騎手の講習所は東京・世田谷の馬事公苑にあった。

体が小さかったこともあり、郷原はすぐに騎手講習生に応募した。試験は大隅町（現曾於市）にあった種畜牧場でおこなわれ、問題なく合格した。

一九五九年四月十日。郷原は騎手をめざして上京した日をしっかりと憶えている。日本中が皇太子（現上皇）の結婚で沸いていた日だったからだ。

馬事公苑の長期騎手課程で講習生として訓練を受けていた郷原は、所属厩舎を決める際に関東を希望する。東京にあこがれていたこともあるが、ダービーが東京競馬場でおこなわれることを知り、関東の厩舎にいたほうがダービーに乗るチャンスは多くなるだろうと考えたのだ。その結果、所属厩舎は中山競馬場の大久保房松厩舎に決まった。

思えばこれが郷原洋行という騎手が形成されていくうえでの大きなターニングポイントとなった。師匠の大久保は馬や騎乗に関しては厳格だったが、日ごろはやさしく、弟子たちを思いやる人物だった。また、大久保厩舎に馬を預けている馬主に「クリ」の冠名で知られた大馬主、栗林友二（栗林商船社長）がいた。郷原は栗林からは社会人として様々なことを教えられたが、一九七一年、慢性の痛風で足の親指の痛みに耐えかねて引退も考えた郷原にたいし、騎手をつづけるように諭してくれたのも栗林だった。それから郷原は体質改善をはかり、痛風と戦いながら勝ち星を重ねていったのである。

大久保房松厩舎で騎手候補生となった郷原は、一九六二年に騎手デビューしたが、一年めは八勝にとどまった。それでも、二年めに三十一勝をマークすると、三年めは三十八勝で騎手成績の全国九位に躍進、はじめての重賞勝ち（京王杯スプリングハンデ、馬は栗林のクリライト）もはたしている。

当時の関東は保田隆芳をはじめ野平祐二、伊藤竹男、加賀武見など錚々たる騎手が覇を競っていた。なかでも、年齢は七歳上でも、デビュー年は二年しか違わない加賀とのライバル関係はよく知られるところだが、闘争心を前面にだしたふたりの逃げ争いや叩き合いは関東ファンのたのしみにもなっていた。引退したあと、郷原は若かった当時のことをこんなふうに振り返っている。

〈加賀さんはいい刺激になりましたね。加賀さんに限らず、例えば同期に負けてたまるか、同期だけじゃなく上を見たら誰がいるか。野平祐二さんがいる、保田隆芳さんがいる、伊藤竹男さんがいる、って。そういう目標を作って目標に向かって努力するのは

面白いですよ〉(『優駿』一九九三年四月号)

鹿屋の中学を卒業するときに、鹿児島市でも福岡でも大阪でもなく、日本で一番の大都会・東京にでようと思ったように、郷原を一流騎手に押しあげたのは生来の負けん気の強さと、つねに上を見つづけた向上心だった。

そのころの郷原が技術面でもっとも大きな影響を受けたのは野平だった。スマートな騎乗ぶりから「追えないのが難点」とさえいわれた野平と、「剛腕」と評され、日本でもっとも馬を追える騎手といわれた郷原。一見対極にあるように思えるふたりだが、郷原の騎乗ぶりはじつに堅実で、野平のようにスムーズに先行して好位置でレースを進めることを好む騎手だった。その根底には、そういうレースをしたほうが馬券を買うファンも安心して見ていられるだろう、という考えもあった。

郷原は野平を目標とし、野平の技術を会得しようと努力した。野平もまた郷原を目にかけるようになり、やがて自分の後継者とまで評価するようになる。

さて、三年めではじめて重賞に勝った郷原は、若くして関東のトップジョッキーとして活躍するようになっていた。デビュー六年めの一九六七年には七十九勝をあげて関東のリーディングジョッキー(全国では二位)となり、この年は皐月賞(リユウズキ)にも優勝している。

それからも加賀や野平、さらには年下の柴田政人や小島太らと関東のリーディングジョッキー争いを繰り広げながら勝ち星を積みあげていく郷原には、いつしか「剛腕」というニックネームも定着していた。

そして一九七五年にはイチフジイサミで天皇賞・春に勝ち、その二年後にはプレストウコウで菊花賞を制すると、一九七九年には六十四勝をあげ、デビュー十八年めにしてついに全国のリーディングジョッキーとなるのである（関東リーディングは五度め）。しかもこの年はカシュウチカラとスリージャイアンツで春秋の天皇賞に勝ち、一月十五日には通算千勝も達成していた。

さらに翌年は念願だったダービーに優勝する。馬は関西馬のオペックホース。郷原が馬事公苑で講習を受けているときに考えたように、関東の騎手だからこそ巡ってきたチャンスだった。郷原のオペックホースは大本命のモンテプリンスの外から猛然と追いすがり、激しいデッドヒートの末に首差押さえ込んだのだ。それはまさに「剛腕・郷原」の面目躍如、迫力たっぷりの騎乗だった。

リーディングジョッキーとダービージョッキー。騎手にとってふたつの大きな勲章を相次いで手にしたこの時期は、いわば郷原の最盛期だった。ところがダービーに勝った一九八〇年の勝ち星は四十六勝。デビュー二年め以来、じつに十七年ぶりに全国の騎手成績で二桁（十位）に落ち込んでいる。それ以後も、下の世代の騎手の活躍がめざましくなったこともあるが、勝ち数のランキングでは年々順位を落としていく。しかし、勝ち星と反比例するかのように、郷原洋行という騎手の存在感は増していくのである。

四十三歳になった一九八七年は三十五勝で全国二十一位だったが、ニッポーテイオーで秋の天皇賞に優勝している。この年は天皇賞施行五十周年を記念して皇太子夫妻が東京競馬場に来場している。郷原はその記念すべき天皇賞の勝利ジョッキーとなったのだ。

四度めの天皇賞の表彰台に立った郷原は、騎手になるために鹿児島から上京した日のことを思いだしていた。奇しくもあの日は皇太子の成婚の日だったのだ。不思議な因縁というか、幸運を感じずにいられなかった。

その翌年、郷原は日本騎手クラブの会長に選出された。それから五年間、自分の成績は落ち込む一方だったが、郷原は騎手界のために時間を費やした。とくにフリー化が進んでいた時代のなかで、厩舎の事情によってフリーにならざるを得ない若手騎手がいる現実を訴えるなど、厩舎社会の微妙な問題についても後輩の騎手たちのためと思って積極的に口にしている。

そんな郷原に競馬の神様は最後にもう一度大きな舞台を用意していた。ニッポーテイオーの天皇賞から二年後の一九八九年、ウィナーズサークルで二度めのダービーを制するのである。このときの郷原には「剛腕」のイメージはまったくなかった。力みも気負いもなく、軽やかに、そしてしずかにウィナーズサークルをダービーのゴールまで導いていたのだ。

「四十五歳になってようやく、馬がどういうことを考えて走っているのか、感じとることができるようになった」

ダービーのあと郷原は語った。平成元年のダービーは、野平祐二を目標とし、追い求めてきた男の最高の騎乗であり、騎手郷原洋行の集大成でもあったのだ。

その四年後、郷原は騎手を引退する。鹿児島の中学生が東京に行きたいと願ってから三十四年が過ぎていた。

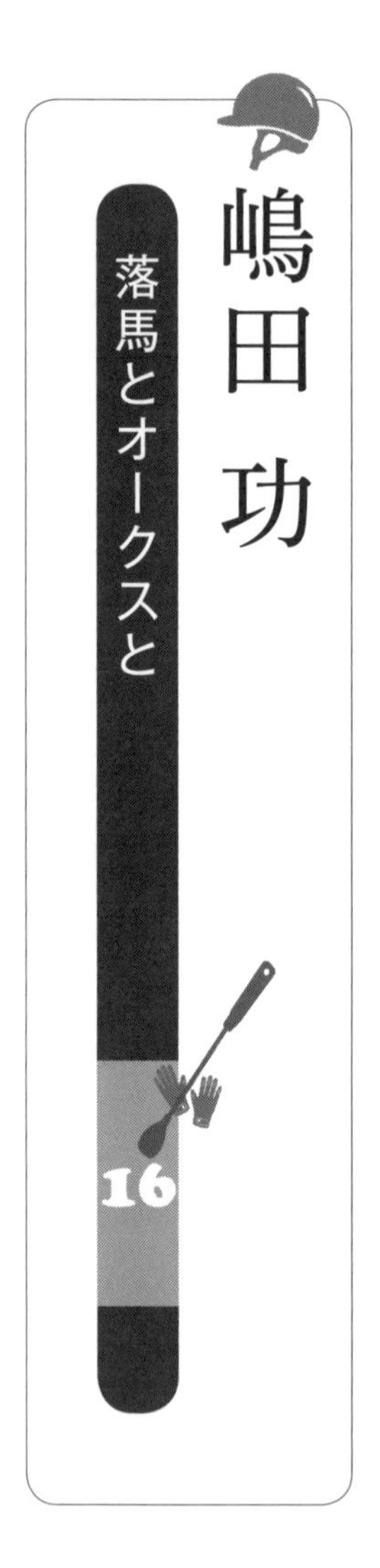

「牝馬の嶋田」あるいは「オークス男」——。

嶋田功はそう呼ばれた。三連覇を含めてオークス五勝。桜花賞二勝。一九七〇年代から八〇年代のはじめにかけて、嶋田は牝馬クラシックには欠かせない騎手だった。

また、甘いルックスで女性ファンも多かった。『優駿』（一九八六年八月号）の「グッド・ルッキング・ジョッキー」という読者投票では、四十一歳になろうとしていたときにもかかわらず二十歳代の人気ジョッキーに混じって二位にはいっていたほどだ。

もうひとつ、嶋田功という騎手を語るときについて回るのが「落馬」である。ダービー一番人気での落馬もあれば、騎手生命さえ脅かされる大けがもあった。しかし嶋田はそのたびに復帰して大レースを勝ちとっていった。

女性に人気があった「牝馬の嶋田」と、度重なる落馬事故から復活してくる「不屈の男」。対照的なふたつの個性が交差し、嶋田功の騎手人生は華やいだものになっていったのである。


一九四五年十一月八日、嶋田功は北海道三石郡三石町（現日高郡新ひだか町）でうまれた。嶋田家は福井県からの入植で、父の福栄が入植三代めになる。嶋田は男七人女三人の十人きょうだいで、上から五番めの三男だった。生家は牧場をやっていた。嶋田が育ったときには馬だけでなく牛や羊も飼っていたが、長男の克昭の代になるとサラブレッドの生産牧場となり、やがてプレクラスニー（一九九一年天皇賞・秋）を送りだしている。

そんな環境で育った嶋田はこどものころから馬が好きだった。記憶では三歳のときに馬に跨っていたというから、騎手をめざしたのは自然な流れだったのだろう。四歳下の弟、潤も騎手になっている。

地元の中学を卒業した嶋田は馬事公苑の長期騎手課程を経て、東京競馬場の稲葉幸夫厩舎に入門する。父福栄の同級生だった大塚牧夫（大塚牧場）が稲葉厩舎を薦めてくれたのだ。「牝馬づくりの名人」と称賛され、のちに顕彰者として競馬の殿堂にもはいる偉大な調教師に弟子入りできたことは嶋田にとって大きな幸運だった。

騎手デビューは一九六四年。この年は十勝にとどまったが、二年めには三十三勝をあげ、牝馬のパナソニックに乗って安田記念と七夕賞に優勝している。快速でならしたパナソニックは生涯十六勝しているが、そのうち嶋田で十勝し、この年は重賞二連勝を含む五連勝を記録するなど八勝をあげている。のちに嶋田は印象に残る一頭としてパナソニックの名前をあげ、この馬によって騎手という職業への自信ができた、と語っている。

パナソニックによって自信をつけた嶋田は、その後も順調に成績を伸ばしていく。五年めは五十二勝をあげて騎手成績でトップテン（九位）にはいっている。

順風満帆のスタートをきった嶋田だが、デビュー六年めの一九六九年には最初の試練が待ち受けていた。一番人気のタカツバキに騎乗したダービーで、スタート直後に落馬してしまうのだ。ほかの二十七頭が一コーナーに向けて殺到するとき、その後方で呆然と馬群を見ている嶋田の姿をとらえた写真は、いまでもダービーのハプニングシーンとしてとりあげられている。

このとき嶋田は二十三歳。ダービーに乗るのは二度めだった。レース後はタカツバキ絡みの馬券二十五億円余が一瞬にして紙くずになったと騒がれ、それ以後もことあるごとに「タカツバキの落馬」について問われることになるのだが、嶋田は現実を真正面から受けとめている。

「タカツバキの一件は、ぼくにとって財産ですよ」

と、『優駿』（一九七三年七月号、聞き手・西野広祥）のインタビューで語っているように、このときの落馬がその後の嶋田の大きなモチベーションとなった。

ちなみに、この年まで嶋田は公式記録では「島田」と表記されている。翌年、弟の潤がデビューして戸籍どおりに「嶋」の字を使うようになり、嶋田も「嶋」で表記されるようになったのだ。

タカツバキの落馬から二年後の一九七一年、嶋田はナスノカオリで桜花賞に優勝する。二十五歳でのクラシック初勝利である。

翌年も嶋田は好調だった。タケフブキでオークスに勝ち、関東の騎手成績でもトップを独走していた。

ところがはじめてのリーディングジョッキーも視野にはいってきた九月三十日、ふたたびの悪夢が嶋田を襲う。中山競馬第五レースで落馬、頭を強打した嶋田はすぐに病院に運ばれたが、頭蓋骨骨折、左肋骨を六本骨折する重傷だった。十日ほど昏睡状態がつづき、一時は騎手生命さえ危ぶまれたほどである。

それでも嶋田は競馬場に戻ってくる。しかも、ただ帰ってきただけではなかった。一九七三年二月にカムバックした嶋田は、その年のオークスをナスノチグサ（ナスノカオリの妹）で勝つと、ダービーではタケホープ（タケフブキの弟）に乗り、国民的スターとなっていたハイセイコーを破って優勝してしまうのである。

世間から見れば〝悪役〟になってしまったが、ダービーでは苦い経験を重ねてきた嶋田にとって、汚名をすすぐ会心のレースとなった。四年前にタカツバキで落馬したあと、二年前のダービーでも一番人気のダコタに乗って十七着に惨敗していたのだ。

「ハイセイコーが四本脚ならば、おれの馬も四本脚だ」

レース前に語ったということばはあまりにも有名だが、元来が勝ち気な性格の嶋田は、強気なコメントを口にしていた。曰く、

「ナスノチグサ（オークス）より自信がある」

「あのローテーションでは、ハイセイコーはないかもしれない」

タケホープのダービー優勝は嶋田の強気の姿勢が呼び込んだ栄光でもあったのだ。けがを克服し、ダービーも勝ちとった嶋田だが、そのよろこびも束の間、またしても落馬事故に見舞われる。こんどは調教中の落馬で、右足の骨折だった。おかげでタケホープの菊花賞は関西の武邦彦に譲り、病院でのテレビ観戦となった。

四か月の闘病生活ののち復帰した嶋田は、こんどはトウコウエルザでオークスに優勝する。前人未踏のオークス三連覇、しかも落馬事故による二度の大けがを挟みながらの偉業だから驚きである。

禍福はあざなえる縄の如し、とはまるで嶋田の騎手人生をたとえるためのことばのようで、オークスを三連覇した翌年の三月にも落馬事故がおきる。こんどはゲート入りを待っているときに、暴れだした馬が嶋田が乗っている馬に激突するという、めずらしい形での事故だった。落馬して馬に踏まれた嶋田は左膝の靭帯を損傷、このときも復帰まで三か月を要している。

そしてカムバックした嶋田は、翌年（一九七六年）の春にテイタニヤで牝馬二冠を勝ちとり、秋にはアイフルで天皇賞に勝つ。落馬事故で乗れなかった一九七五年を挟んでオークスでの騎乗機会四連勝ということになる。まさしく「オークス男」である。

落馬とオークス優勝を繰り返していた嶋田だが、三十歳代半ばになると大きな事故もなくなり、関東のトップジョッキーとして安定した成績を残していく。一九七八年からは毎年五十勝前後の勝ち星をあげ、五年連続で全国のトップテン入りしている。

この間、テンモンで五度めのオークス優勝（一九八一年）をはたし、ビクトリアクラウンでエリザベス女王杯（一九八二年）に勝っている。牝馬だけでなく、グリーングラス（日本経済賞）、ビンゴガルー（朝日杯三歳ステークス）、ホスピタリテイ（セントライト記念）、タカラテンリュウ（毎日王冠ほか）という牡馬の名馬で重賞に勝っている。

そのころ、『中央競馬騎手名鑑』（一九八五年版）の「私の騎乗特徴」というアンケートに嶋田はこう答えている。

〈レースへの心構えは、1戦必勝――。脚を余して負けるのはイヤだし、ファンに対して申しわけないので、ゴールまでめいっぱいに追いまくる。ちょっぴり強引に見えるかもしれないが、レースへの執念というかガッツとみていただきたいと思う。〉

大きな事故に遭い、騎手をやめることも考え、そしてカムバックしてきた人だからこそ、一戦必勝ということばが重く、わたしたちのこころに響く。

嶋田功の通算勝利数は九百五十一に終わった。落馬事故がなければ楽に千勝に到達できただろうし、もっと多くのビッグレースに勝ち、リーディングジョッキーにも手が届いていたかもしれない。

しかしそれでも、と思う。幾度もの大きな落馬があり、それを乗り越えたからこそ嶋田の騎手人生がドラマチックなのであり、千勝騎手にもリーディングジョッキーにも負けない輝きを放っているのだと。

一九八八年春、嶋田功は騎手を引退した。四十二歳。前年は三十四勝をあげ、桜花賞候補といわれたシノクロスの二勝を含む五つの重賞に勝っていただけに引退を惜しむ声は多かった。それにたいする答えは、『優駿』のインタビュー（一九八八年四月号、文・鶴木遵）を読めばじゅうぶんだ。

〈満身創痍だよ。きつい減量もあったし、それに僕は落馬が多かったから、例えばアバラ骨は10何本も折れたままついているし、ヒザのじん帯の一部は切れたままで、腰を痛めてヘルニアもあるしね。（中略）それでも、まあまあ五体満足で引退できるのは、幸せなことだと思ってる。〉

17 大崎昭一

不屈の「泣きの昭ちゃん」

「泣きの昭ちゃん」

大崎昭一の愛称である。ひかえめな性格なのか、強気なコメントはあまりしない騎手だった。「昭ちゃんが泣いていた（弱気なコメントだった）」という新聞の記事を読んで馬券を買った〝穴党〟は多かったはずだ。

大崎について問われた師匠の柴田寛調教師は「まじめ」「引っ込み思案」「暗い」「口数がすくない」「慎重」というような表現をしている。そんな騎手から強気なコメントがでるわけがない。

晩年の大崎を取材した井口民樹によると、「泣きの昭ちゃん」の名付け親は元騎手で競馬評論家をしていた渡辺正人だったという。それを知って、わたしは納得した。あかるい江戸っ子で、思ったことをストレートに口にしていた渡辺から見たら、大崎がどんなことばを発しても弱気にきこえただろう。

そして現実に、「泣きの昭ちゃん」は、カブトシローをはじめダイシンボルガード、カツトップエース、レッツゴーターキン……と、いくどもファンを驚かせてきたのである。

大崎昭一は一九四五年一月十五日、宮崎県延岡市にうまれた。延岡には馬の生産農家も多く、大崎の家でもアラブの牝馬を一頭飼っていた。七人きょうだいの末っ子だった大崎は小さいときから馬に接し、十一歳のときには馬に乗っていたという。

延岡出身の競馬関係者も多い。大崎の中学の先輩には矢野一博（メジロボサツやイナボレスなどに騎乗）や田島日出雄（タニノチカラの主戦騎手）らがいたし、タニノムーティエで二冠を達成する安田伊佐夫は同級生だった。

そうした環境で育った大崎は、体が小さかったこともあり、迷うことなく騎手をめざした。中学を卒業すると安田とともに馬事公苑の騎手養成所（長期課程）にはいり、矢野一博の父親の紹介で東京競馬場の柴田寛に入門する。

一九六三年三月にデビューした大崎は、一年めは五勝に終わったが、二年めには三十六勝をあげ、三年めには目黒記念・春（ブルタカチホ）とカブトヤマ記念（カブトシロー）に勝っている。順調にステップアップしていたと思われた一九六六年、調教中に落馬して馬の下敷きになり、骨盤など七か所を骨折する。一時は本人も騎手をあきらめたほどの大けがだったが、翌年復帰すると、四番人気のカブトシローで有馬記念に勝っている。

けがをする前、大崎はカブトシローには六度乗って二勝していたが、ひさしぶりの騎乗で驚く騎乗をみせた。ひどいスローペースのなかを後方で追走し、二周めの三コーナーで一気にトップを奪うとそのままゴールまで独走するのである。二着との差は六馬身。大胆なレースではじめて八大レースを制した大崎は二十二歳と十一か月だった。これは当時の最年少記録で、一九九〇年（優勝オグリキャップ）に武豊が二十一歳九か月で勝つまで破られなかった。

その二年後の一九六九年、大崎はさらに大きな仕事をやってのける。六番人気のダイシンボルガードでのダービー制覇である。スタート直後に一番人気のタカツバキが落馬し、直線ではダイシンボルガードの石田健一厩務員がコースに飛びだして万歳をしながら走りだすなど、アクシデント、ハプニングが相次いだダービーだった。

この年はダービー史上最高となる十六万七千二百六十三人が東京競馬場に入場している。この記録は「中野コール」が話題となったアイネスフウジンのダービー（一九九〇年）まで破られなかった。表彰式のあと、ファンの祝福に握手で応じた大崎がスタンドに引きずりこまれて胴上げされるという、ダービー史上類を見ないできごともあった。しかも大崎は一週間後に結婚式を控えていて、このとき二十四歳と四か月。二年後にヒカルイマイで勝つ田島良保の二十三歳七か月に次ぐ戦後の「ダービー年少優勝」である。

ここまで、わたしの知らない時代の大崎について書いてきて、「この人、もしかしたら天才だったのではないか」と思った。柴田寛厩舎はけっして大きな厩舎ではなかった。大崎自身も騎手をやめようと思ったほどの大けがも負っている。それでも当時の最年少で有馬記念とダービーに勝っているのである。もし、大崎が有力馬を数多く揃える大厩舎に所属していたら、いったいどれだけの「最年少記録」をつくっただろうか——。

そんなことを考えたのは作家の虫明亜呂無の大崎評を読んでいたからかもしれない。虫明は大崎を「軽い」と評し、それは「存在を主張しない軽さ」だと書いている。

〈よくいえば、たいへんフレキシブルで、伸縮自在の乗りかたをする。くせがない。むりがない。ナチュラルである。素直である。妖精の踊りを思わせる。〉（『優駿』一九六八年一月号）

「妖精の踊り」がどんなものかはわからないけれど、わたしの経験でも、気がついたら一着馬の騎手が大崎だった、というイメージはたしかにある。

虫明は大崎の「軽さ」について柴田寛にたずねているが、柴田は「関節のやわらかさ」と「持ってうまれた勘のよさ」があると語っている。大崎はまさに騎手になるべくしてなった人なのだろう。

しかし、「もしかしたら天才」の大崎は、たびかさなる落馬事故によって、時代を代表するようなスーパージョッキーにはなれなかった。それでも、けがをするたびに復帰し、ビッグレースを制していくのだ。その波乱の騎手人生を年表ふうに記していく。

一九七三年。福島競馬場で乗っていた馬が外埒に激突して落馬、腰椎を骨折する。

このときは比較的早く復帰し、フジノパーシアという、大崎の騎手人生で最良のパートナーを得る。通算成績は二十三戦十一勝。そのうち大崎は二十二戦（十勝）に騎乗している。フジノパーシアは遅咲きでクラシックにはでられなかったが、一九七五年の天皇賞・秋に勝ち、翌年は宝塚記念を含む重賞三連勝で、秋にはアメリカのワシントンDC国際（六着）にも招待された。この年、大崎は五十一勝をあげて騎手成績で全国五位になっている。このとき三十一歳。大崎は競馬関係者からもファンからも信頼される存在だった。

一九七七年。東京の新馬戦で埒に激突して肋骨を五本折っている。リハビリ期間をふくめて一年二か月の休養を余儀なくされた。

一九七八年。前年の事故から復帰したと思ったら、中山で落馬し、右大腿骨を骨折。この年はわずかに十一勝で、重賞勝ちもない。

一九七九年。二年つづけての落馬事故から復活、グリーングラスで有馬記念に勝っている。グリーングラスの主戦だった岡部幸雄(公営南関東の三冠馬ハツシバオーに騎乗)から乗り替わっての勝利だった。引退レースのグリーングラスは全盛期を過ぎていたが、二周めの三コーナーで先頭にたつと、そのまま逃げきっている。ゴール前で猛追したメジロファントムとの着差は鼻。計算し尽くしたような騎乗に「さすがに大崎」とファンは感嘆した。

一九八〇年。福島で落馬。二年前とおなじ、右大腿骨を骨折している。

一九八一年。柴田厩舎を離れてフリーとなったこの年、大崎はカツトップエースで皐月賞、ダービーの二冠を制している。カツトップエースに騎乗したのは皐月賞からだったが、それ以前の成績は八戦二勝で、朝日杯三歳ステークス十着（十三番人気）のあと、二月のバイオレット賞四着（九番人気）をステップに出走してきた皐月賞はブービーの十六番人気だった。それまで騎乗していた的場均も増沢末夫もほかに乗る馬がいて、空いていた大崎に騎乗依頼がきたのだった。

そんな馬をスムーズに先行させて皐月賞馬に導くと、NHK杯二着のあと、ダービーも本命のサンエイソロンの追い込みを鼻差抑えてしまう。「大崎マジック」というか、やっぱり「この人、天才」だと、ミナガワマンナ（皐月賞十二着、ダービー八着）を買っていたわたしは思う。

カブトシローからカツトップエースまで、大崎には無骨な牡馬が似合う印象があった。しかし、あらためて振りかえってみると、意外な感じがするのだが、牝馬で数多くの重賞に勝っている。メイワロック、セーヌスポート、ハザマファースト、マイエルフ、ハセシノブ。そして「天才少女」ダスゲニー……。書き並べていて、あの牝馬のあのレースに大崎が乗っていたんだ、と新鮮に驚く自分がいる。これも虫明亜呂無が書いた「存在を主張しない軽さ」なのだろうか。

一九八五年。夏の新潟で、大崎の騎手人生を狂わす〝事件〟がおきる。コースにでたとき、知り合いに声をかけられた大崎は、ことばをかわしてしまったのだ。これは日本中央競馬会競馬施行規程に反する行為で、無期限の騎乗停止処分となる。予想行為も八百長もなかったということで四か月後に騎乗停止は解除されたが、関東ではイメージが悪くなった騎手への騎乗依頼がほとんどなくなり、関西やローカル開催で乗ることが多くなった。そのとき、大崎を積極的に起用していたのが橋口弘次郎である。年齢はおなじだが、宮崎県出身の橋口にとって大崎は「故郷がうんだ偉大なジョッキー」だった。

一九九二年。大崎は橋口厩舎のレッツゴーターキン（十一番人気）で天皇賞・秋に勝った。橋口のはじめてのＧＩ優勝は、大崎にとって十一年ぶりのビッグタイトルとなった。

一九九八年五月三十一日。大崎は中京競馬場で落馬。七月になって、落馬事故の後遺症から慢性硬膜下血腫を発症、手術をしたが騎乗できるまで回復せず、翌年引退を決断した。五十四歳。三十五年の騎手人生で積み重ねた勝利は千勝まであと三十だった。

菅原泰夫

クラシック完全制覇

18

菅原泰夫がカブラヤオーとテスコガビーでクラシックを席捲したのは一九七五年の春だった。このとき菅原は二十九歳。下積み生活が長く、福島や新潟で乗ることが多かった地味な騎手は、二頭との出会いによって時代の寵児となった。マスメディアは突如として競馬界のヒーローとなった〝無名騎手〟に群がった。空前の競馬ブームをつくったハイセイコーが引退した一年後のことである。

〈髪は文太カット／顔はサブちゃん似／というところである。無職渡世ならぬ競馬渡世だ。通称「ヤーさん」は、東映調である。〉（『週刊朝日』一九七五年五月九日号）

カブラヤオーの皐月賞のあとにでたインタビュー記事の一文である。ギャンブルに否定的な考えがあった新聞社らしい文章ではあるが、その風貌だけでなく、不器用で愚直な騎手という菅原のイメージから、任侠映画や演歌歌手を連想した取材記者の気持ちはよくわかる。実際、菅原は演歌が好きで、桜花賞や皐月賞のレース前には「勝つと思うな、思えば負けよ――」と『柔』のフレーズを口ずさみながら自分を落ちつかせていたとその記事には書かれている。ただし、「ヤーさん」ではなく「ヤッさん」と呼ばれていた菅原は、見かけとは違ってやさしく、まじめな人である。

菅原泰夫は一九四六年四月一日、宮城県にうまれた。生家はアラブ馬などを生産していた牧場で、父は農業組合の組合長をしていたというから、地域の名士だったと思われる。

だが、馬がまわりにいる環境で育ったにもかかわらず、少年時代の菅原はそれほど馬が好きでなかったという。

〈一度、馬運車に乗って、畠の上に放り出されてね、それから何となく馬が嫌いになってしまった。もともとおれは、機械いじりのような手仕事が好きだった。だから、自分の意志で騎手になろうなんて考えたことはなかったね〉（『優駿』一九七五年八月号、寺山修司「騎手論」）

そう話す菅原を騎手にしたのは父親だった。九人きょうだいの五男で、体も小さかった菅原は中学二年のときに家をだされ、一歳の仔馬と一緒に東京に向かう。預けられたのは東京競馬場の茂木為二郎厩舎だった。

ＪＲＡが発表しているプロフィールを見ると、菅原は十五歳になった一九六一年に馬事公苑の騎手養成所（長期講習生）にはいり、その二年後に茂木厩舎に入門したことになっている。実際には騎手養成所にはいる前から茂木のもとで生活していたわけである。プロフィールの出身地が「東京都」となっているのはそのためだろう。

騎手デビューは一九六四年三月。その年九勝をあげた菅原は、二年めに早くも重賞（ダイヤモンドステークス）に勝っているのだから、もともと非凡な才能をもっていたのは間違いない。しかし、そこからは長い下積み生活が待っていた。

菅原がくすぶっていた原因のひとつには、師匠の茂木との微妙な関係もあった。菅原が騎手を引退したときの『優駿』のインタビュー記事（一九九二年四月号、聞き手・鶴木遵）によると、こどもがいなかった茂木夫妻は菅原を息子のようにかわいがってくれて、あるときひとりの女性を紹介しようとしたのだが、菅原は「嫁さんだけは自分で選びます」と言って断ったのだという。そして、この一件が茂木の心証を害してしまったのか、それから干されるようになった、と菅原は語っている。

〈今なら笑い話だけど、俺としては実に深刻な問題だったんですよ。〉

この時期、菅原のおもな活躍の場は福島や新潟といった、俗に言う〝ローカル開催〟となった。騎乗馬に恵まれず、勝ち星も伸びていかなかったが、それでも関屋記念や福島記念などに勝っている。

ただ、福島に行くことが多くなった菅原には人生の幸運がもたらされる。二十五歳のときに、福島で知り合った女性と結婚しているのだ。ちなみに、冒頭の『週刊朝日』の記事には「ローカル男の名を返上した愛妻家ジョッキー」という見出しがついていたように、当時の一般誌の記事には夫人にまつわるものも多く、「自分で選んだ妻」の内助の功によって菅原が低迷期を頑張りとおせたことがわかる。

一方、乗る馬が減ってくすぶっていた当時、菅原が力を入れていたのは調教だった。

「調教で馬を仕上げることができて、はじめて一人前の騎手だ」

茂木からそう教えられていたこともあるが、いい調教ができるようになれば、騎乗技術を磨けると同時に自分をほかの調教師にアピールできると思った菅原は、一頭一頭ていねいに乗っていた。その地道な努力が実を結び、競馬のうえでも大きな幸運を呼びよせる。テスコガビーへの騎乗依頼である。

仲住芳雄調教師がテスコガビーに菅原を乗せようと思ったのは、恵まれない環境のなかで黙々と調教に励んでいる姿を見ていたからだった。腕はたしかだし、我慢強さもある。この男ならば大きな勝負にも耐えられるのではないか。仲住はそう思ったという。

菅原を背にしたテスコガビーは牝馬とは思えないパワーとスピードでクラシックを勝ち進んでいった。桜花賞は大差、オークスも八馬身差で逃げきって、史上五頭めの二冠牝馬となるのだ。

また、同世代に茂木厩舎にもカブラヤオーというとてつもなく強い牡馬が登場した。当初、カブラヤオーには弟弟子の菅野澄男が乗っていたが、四戦めから菅原が主戦となり、皐月賞とダービーを制している。二戦とも激しい先行争いを克服しての逃げきりだった。

それは衝撃的な〝メジャーデビュー〟だった。一般にはあまり名前を知られていない地味な中堅騎手が、春のクラシックをすべて勝ってしまったのだ。しかも断トツの一番人気の馬に乗っての逃げきりである。

その一方で、皐月賞とダービーをスプリント戦なみの異常なハイペースで飛ばして逃げたカブラヤオーのレースについては、馬が強かったから勝てたが、本命馬に乗るにしてはあまりにも強引だった、という批判もおきた。しかしそれは、近くに馬がいると怖がるというカブラヤオーの致命的な欠点をカバーするためにあえて選択した作戦だったと、馬が引退してからしばらくして菅原は語っている。したたかで、しかし腹をくらなければできない騎乗だったのだ。

二頭のスーパーホースによってスポットライトが当たったこの年、菅原は四十勝をあげて騎手成績でもはじめてベストテン（九位）にランクインしている。

ところが、ようやく飛躍のときがおとずれたと思われた一九七六年三月、師匠の茂木が急逝する。むずかしい関係になったときもあったが、菅原にとっては親を亡くしたも同然だった。菅原は茂木の弟弟子にあたる森末之助の厩舎にいったん移り、年末にはあたらしく厩舎をひらいた本郷一彦厩舎に籍を移すことになる。さらに翌年の十月には調教中に落馬し、左股関節脱臼骨折で五か月近い闘病生活を余儀なくされている。勝ち星も落ち込み、この間、重賞も勝てなかった。

だが、十年間不遇の時代を過ごした男にとって、これくらいの試練はなんでもなかった。復帰した菅原は、渋くも、ここ一番で頼りとされる騎手として存在を示していくのである。

一九八一年には十四番人気のミナガワマンナに乗って菊花賞を制している。調教師は六年前にテスコガビーを与えてくれた仲住だった。この勝利で菅原は栗田勝、保田隆芳という東西を代表する大ジョッキーにつづいて、史上三人めのクラシック完全制覇を成し遂げたことになる。

さらに翌年も九番人気のホリスキーで菊花賞に勝つ。菊花賞の連覇も栗田勝、武邦彦につづいて三人めの記録で、菅原のあとはだれもいない。

菅原が八大レースに勝ったのはクラシックの六勝だけだが、驚かされるのはその大胆な騎乗である。カブラヤオーとテスコガビーは圧倒的な一番人気に乗っての強引な逃げきりだった。対照的に人気のない馬で連覇した菊花賞は、「三コーナーの坂をゆっくりとくだって、四コーナーでは内をつく」という菊花賞の理想の乗り方とはまったく逆の、坂のくだりでスパートし、四コーナーでは外をまわって先頭に立つという型破りなレースで圧勝した。そこには、「ローカル男」と呼ばれたころの面影はまったくない。

リーディングジョッキーを争うほどの勝ち星こそあげられなかったが、大胆さのなかに味わい深さを宿した菅原の手綱は年をおうごとに円熟味を増していった。一九八五年にはダイシンフブキで朝日杯三歳ステークス（現朝日杯フューチュリティステークス）に勝ち、四十三歳になった一九八九年は生涯最高となる五十三勝（関東五位）をあげている。

晩年、菅原にはランニングフリーというパートナーがいた。下級クラスから地道に勝ちあがってきたランニングフリーは、オグリキャップの奮闘に沸いた競馬ブームのなかで活躍した渋い名脇役だった。それは、大レースに勝った名馬たちよりも菅原に似合った馬だったと思う。

一九九二年二月二十三日、菅原は騎手を引退した。四十五歳。二十九年の騎手生活で築きあげた成績は六千四百三十一戦七百六十九勝。最初の十年間で百三十三勝しかできなかった男は、年号が平成にかわった最後の四年で百三十四勝をあげたのだった。

JOCKEY
III

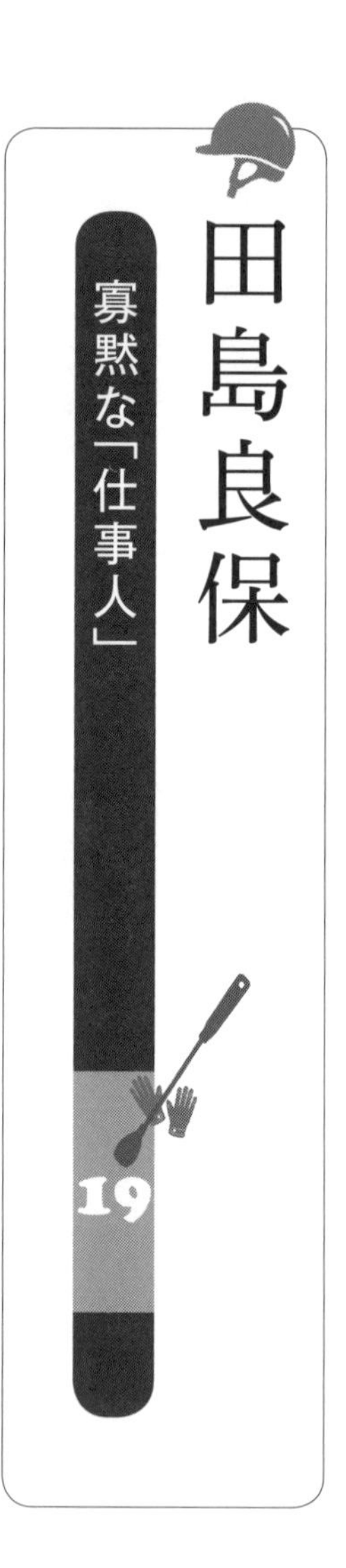

「必殺仕事人」

田島良保はそう呼ばれた。

大レースでたびたび大物を食って驚かせる男。はじめて乗る馬でもしっかりと結果をだし、ここ一番という場面で頼りにされる騎手。そんな意味合いがあった。

名づけ親は関西テレビのアナウンサーだった杉本清である。テレビの人気時代劇からの命名だが、杉本がそういう形容を思いついたのはハマノパレードでタイテエムを破った宝塚記念（一九七三年）を見たあとで、その当時はまだ「必殺仕掛人」と言っていた。

田島が「仕事人」と呼ばれるようになったのは「必殺仕事人」シリーズがはじまって

からであり、その契機となったのがノースガストでモンテプリンスを下した菊花賞（一九八〇年）である。田島がのちに「生涯で自慢できる唯一のレース」と語っているあの菊花賞には、「仕事人・田島良保」の怖さと頼もしさが余すところなく詰まっていると、モンテプリンスのファンだったわたしは思う。

厩舎関係者には鹿児島県出身が多いが、田島もまた鹿児島県姶良郡牧園町（現霧島市）出身である。一九四七年十月十七日うまれ。生家のすぐ近くには種牡馬もいた牧園牧場があり、幼いころから馬になじんでいた田島は物心ついたころにはなんとなく騎手になりたいと思うようになっていたという。

小中学校時代の田島は無口で偏屈でやんちゃだったが、運動神経は抜群によく、勉強よりも体を動かしているほうが好きな少年だったそうだ。誤解を恐れずに書けば、大金が賭けられたなかで勝負する騎手という職業に向いていたことは間違いない。

一九六三年春、中学を卒業した田島は馬事公苑の騎手養成所（長期課程）にはいる。同期には小島太、安田富男らがいた。ひとつ下の世代は福永洋一、柴田政人、岡部幸雄というスタージョッキーが登場して「花の十五期」と呼ばれるようになるが、個性の強さでは田島らの十四期生が上回っていた。

一九六五年、田島は京都競馬場の谷八郎厩舎にはいる。田島は騎手養成所時代にも反抗的で生意気な生徒として知られていた。のちに谷厩舎には田原成貴という生意気さでは田島にひけをとらない騎手が入門するが、谷は弟子たちの青く尖った感性を頭ごなしに押さえ込むことはしなかった。たとえば寝坊して調教に遅れたりすれば厳しく叱り、手を上げたこともあるが、騎乗についてやかましく言うことはなかった。

「馬も人もおなじ生きものなんだ。自分で乗って、それぞれの個性や性質を研究しろ」

谷は弟子たちに繰り返しそう言った。そして、周囲の批判にも耳を貸さず、デビューして間もない田島を厩舎の馬に乗せつづけている。その結果、田島は一年めに二十三勝をあげて関西民放競馬記者クラブの新人賞を受賞し、二年めには谷厩舎のクリバックで金鯱賞と小倉大賞典を連勝することになる。

デビュー六年めの一九七一年春、田島はヒカルイマイとともに東上する。ヒカルイマイは谷厩舎としてもはじめてクラシックを狙える大物だった。田島は当時二十三歳。当然、関東の競馬場での騎乗経験はない。それでも谷にはほかの騎手を乗せようという考えは微塵もなかった。

そうした師匠のあと押しもあって、田島はヒカルイマイとともに皐月賞、ダービーと連勝する。しかも最後方に近い位置から直線一気に追い込んでくるという大胆なレースでの優勝だった。このとき、はじめてのダービーで有力馬に乗るプレッシャーはなかったかと問われた田島は、こう言ってのける。

「おれはダービーに乗ったんじゃない、ヒカルイマイに乗ったんだ」

この年、田島の勝ち星はわずかに十一である。関西で五十五位、全国では百八位という騎手がダービーに勝ってしまったのだ。それは若い弟子の勝ち気な性格を壊すことなく伸ばしてきた谷の勝利でもあった。

ヒカルイマイで二冠を勝ちとった二年後、田島は坂口正二厩舎のハマノパレードで宝塚記念に優勝する。スタートから先手を奪って逃げ、春の天皇賞に勝ったばかりのタイテエムを首差封じ込んでの勝利だった。ヒカルイマイに代表されるように、それまでの田島には「追い込み」の騎手というイメージがあったが、宝塚記念では巧みなペース配分で逃げてタイテエムを翻弄してしまったのだ。杉本清の頭のなかに「必殺仕掛人」というこ とばが浮かんだのはこのときだった。

しかし、そのハマノパレードも、つづく高松宮杯で逃げきり濃厚となったゴール手前で骨折、田島は落馬し、馬は安楽死処分となってしまう。田島にとって生涯忘れることができない痛恨事であった。

田島はまた、その年の秋にもビッグネームを破ってファンを驚かせている。京都新聞杯で九番人気のトーヨーチカラに乗り、あのハイセイコーを破ってしまうのである。単勝は九千三百円。ハイセイコーは生涯九度負けているが、勝ち馬の単勝配当だけでいえば九戦中最大の番狂わせであった。

ハマノパレードとトーヨーチカラで「大物食い」の騎手というイメージをファンに植えつけた田島だが、その後はしばらく鳴りを潜めている。田島の名前がふたたびクローズアップされるのは三十歳になってからで、菊花賞が舞台となった。

一九七七年に乗り替わりでの騎乗となったテンメイ（九番人気）でプレストウコウの二着になると、翌年はキャプテンナムラ（十二番人気）でインターグシケンの二着にはいり、二年連続で波乱を演出している。

そして、その二年後が冒頭でも書いたノースガストである。最後の直線で一番人気のモンテプリンスが先頭に立つと、その内側を突いてノースガストが追い込んでくる。外のモンテプリンスは四百八十六キロのりっぱな体をしている。それにたいしてノースガストは四百二十二キロの小さな馬である。その二頭が馬体を並べて競り合い、最後は首差でノースガストが勝ってしまうのである。田島が「唯一自慢できるレース」というのも頷ける。

この菊花賞のことを書いていて、思いだしたのが『優駿』（一九七一年七月号）の記事にあった田島のこんなことばである。

〈小学校六年のときだったかナ、番長づらをしてるヤツに、帰りサ、かかっていってネ。一対一でこいという気やった。えらそうにしやがって、許せんかったんヤ〉（杉本清「マイクは歩く」）

ターゲットとなる相手が強くなればなるほど闘志を燃やし、一対一の勝負に挑んでいくのが田島良保という男の性分であり、それが「仕事人」と呼ばれる騎手の源泉となっていたのではないかと思う。

ノースガストの菊花賞優勝で戦後うまれとしては最初の「三冠騎手」となった田島は、それからも関西でもっとも信頼されるジョッキーのひとりとして活躍していくのだが、話題となるのはやはり大きなレースでの「大物食い」ぶりであった。

一九八六年のマイルチャンピオンシップでは単枠指定馬のニッポーテイオーを牝馬の

タカラスチールで破っている。四コーナーで外をまわって相手よりひと呼吸早くスパートし、インコースを突いたニッポーテイオーの追い込みを鼻差凌いでの優勝だった。六番人気。単勝は二千円だった。

意外なことだが、田島が関東馬に乗って重賞を勝つのはこれが最初で最後である。それでも、マイルチャンピオンのために前哨戦のスワンステークス（四着）から手綱を任され、本番でしっかりと答えをだしたところはさすがに「仕事人」というしかない。

一九八九年のオークスも語りつがれる名騎乗だった。

このとき田島のターゲットとなったのは、デビュー三年めのアイドルジョッキー武豊が乗る桜花賞馬シャダイカグラである。たいする田島のライトカラーは十番人気。単勝三十四・八倍。桜花賞は八着、オークストライアルでも五着に負けていた馬だ。

そのライトカラーに乗った田島は、終始シャダイカグラを背後からマークしながらレースを進める。そして直線の真ん中を突いて抜けだすシャダイカグラに外から襲いかかり、二頭は馬体を並べたままゴールする。四十一歳の田島と二十歳の武。ふたりの激しい叩き合いは、首差だけライトカラーが勝っていた。

まだまだ若いやつに負けていられない――。

そんな気迫が伝わってくる騎乗だった。

しかしさすがの田島も厄年を迎えるころになると、だんだんと肉体が気持ちについてこなくなった。そしてライトカラーのオークスから二年半後の一九九二年二月二十三日、騎手を引退する。

実働二十六年の騎手生活で残した成績は七千七百九十戦八百十七勝。重賞四十勝。年間の最高勝ち星は一九八三年と八四年の六十勝で、騎手成績の最高順位は八三年の七位（関西三位）だった。

こうして数字だけを並べてみると、田島良保という名前と比べて物足りなさを感じるというのが正直なところだ。しかし、これまで書いてきたように、記憶のなかにある田島のレースを思いだすとき、そのひとつひとつの輪郭がはっきりとしているのだ。それだけ田島の「仕事」はわたしたちファンに鮮烈な印象を残していたのである。

田島が引退した一か月後、ヒカルイマイが二冠を達成した翌年にはじまったテレビの「必殺シリーズ」も一旦、幕を閉じた。偶然はときとして粋な演出をするものである。

小島 太

ピンクの勝負服が似合った男

20

負けっぷりがいい、とでも言えばいいのだろうか。小島太は不思議と負けたときの印象が強い騎手だった。それゆえに野次や罵声を浴びることも多く、おそらく歴代の名騎手のなかではもっとも多く罵声を浴びた騎手ではないか。

馬券を買えば負ける、買わないとあっさりと勝ってしまう。すばらしい騎乗を見せたかと思うと、人気馬で簡単に負ける。うまいのかへたなのか、だれにもわからない——。

しかしその一方で、ほかの騎手にはない独特の〝華〟があった。勝つときの鮮やかさや格好良さでは右にでる者はいなかった。フランス競馬を愛し、どことなく気障なふるまいも小島ならばファンは笑って拍手してくれた。そういう意味では、野次も罵声もファンの愛情の裏返しであり、小島太ほどファンに親しまれた騎手はほかにいない。

騎手になることしか頭になかった少年は、急に身長が伸びだすと、もうこれ以上伸びないようにと簞笥のひきだしのなかで寝た。足が大きなこどもは大きくなると聞いていたから、足を包帯できつく巻いて眠った――。

これは、小島太という騎手を語るときに欠かすことのできない有名なエピソードである。それほどまでに、小島は騎手にあこがれていた。いや、こどものころから、騎手以外の職業に就くことは考えていなかったのだ。そのころ小島少年が愛読していたのが『優駿』だった。当時の『優駿』は現在と違って競馬業界向けに編集された専門誌だった。

小島は北海道斜里郡小清水町に一九四七年四月十一日にうまれた。小清水町はオホーツク海に面した小さな町で、刑務所で有名な網走の隣町である。父親は馬商と蹄鉄屋を兼ねた仕事をしていた。父の仕事の関係で幼いころから馬に親しんで育った小島少年は、四歳で馬に跨り、小学校の高学年になるとおとなに混じってお祭り競馬の騎手をした。中学生になると馬乗りのうまい少年として町中で知られた存在になっていた小島は、いまでは考えられないことだが、学校を休んで道営競馬で働いたこともあったという。

一九六二年、中学校を卒業した春、小島はひとりで上京する。馬事公苑の騎手養成所（長期講習生）の試験を受けるためだった。もし騎手になれなければ青函連絡船から飛び降りて死んでやろうと考えていたほど思いつめての上京だった。

そのときの身長は百六十三センチ、体重は五十キロ。受験者のなかでも飛びぬけて体が大きいという心配もあったが、結果は合格だった。同期生には田島良保、安田富男、池上昌弘、平井雄二などがいた。やんちゃで個性豊かな顔ぶれが揃っていた。

一九六五年、騎手養成所を卒業した小島は東京競馬場の高木良三厩舎に騎手候補生として入門し、翌年、こどものころからの夢だった騎手デビューをはたす。

初勝利はデビューから四か月後、三十四戦めと遅かった。馬はアサヒオールという牝馬だったが、小島はこの一勝で勝ち方を知ったと作家の石川喬司に語っている。

〈アサヒオールで勝てたことが開眼につながりましたね。偶然勝てたのではなくて自分で頭に描いたとおりに勝てたから。あっ、これだ、こうやればいいのかって分かるものがあって、それからは面白いように勝ちだした。〉（『優駿』一九八八年七月号、「馬家先生のパカパカ問答」）

デビュー年は十一勝だった小島は、二年めには三十七勝をあげて関東の騎手成績十二位（全国十八位）に躍進する。その後、四年めに十三勝と成績を落としたものの、トップ騎手の層が厚かった関東のなかですこしずつ頭角を現し、七年めの一九七二年には四十八勝をあげて関東のリーディングジョッキー（全国三位）となるのである（注・前年暮れからつづいた流感騒動で関東では一月と二月の開催が中止になったために勝ち星がすくない）。また、この年はＮＨＫ杯に勝ったランドジャガーに乗ってはじめてのダービー騎乗（五着）もはたしている。

ところで、二十五歳で関東の騎手成績一位になった小島は、若手の有望株として注目を集める一方で、私生活では無頼派騎手として名を馳せていた。小島は当時をこう述懐する。

〈騎手になるにあたって、父と「酒とタバコと夜遊びは絶対やらない」って約束したにもかかわらず、全部守れなかった（笑）〉（前出、『優駿』対談）

見る人にとっては、若いころの小島は「生意気で、ちゃらんぽらんな印象がある」騎手だった。しかしその反面、競馬に関しては真摯に向き合う純真さをもっていた。そんな小島に目をかけ、かわいがったのが「サクラ」の冠名で知られる馬主、全演植（ぜんえんしょく）（さくらコマース会長）である。小島もまた全のことを「親父」と呼んで慕っていた。

戦後、一頭の抽籤馬から馬主になった全が重賞で活躍する馬を所有するようになったのは、ちょうど小島が頭角を現してきたころで、一九七〇年代を代表する名スプリンター、サクライワイはスプリンターズステークス二勝など四つの重賞に勝っている。さらに一九七八年にはサクラショウリではじめてのダービーを制するのである。激しい気性で知られたサクラショウリをきっちりと勝利に導いた小島の手綱さばきが賞賛された。幼いころからあこがれていたダービージョッキーになったのはデビュー十三年め、三十一歳だった。

つねに騎手として格好良くありたいと思っていた小島が目標にしていたのは野平祐二だった。早くから海外に目を向け、ヨーロッパでも馬に乗っていた野平のように、小島もいつかは海外で乗ってみたいと思いつづけていた。とくに野平が滞在したフランス競馬にあこがれていた。

フランスで乗る機会は小島自身で切り開いた。一九八二年のジャパンカップのときである。

その年、小島はジャパンカップに騎乗する馬はいなかった。だが、来日したフランスの名調教師フランソワ・ブータン（三着エイプリルラン）とパトリック・ビアンコーヌ

（二着オールアロング）を紹介された小島は、自分がフランスで乗ってみたいことを熱心に訴えた。すると、実際に小島のレースを見たふたりは「いつでもフランスに来い」と誘ってくれたのだ。

翌年の夏、小島ははじめてフランスに遠征する。小さなレース三つに乗って着外に終わったが、この経験が小島を大きく変えた。それからは夏になるとフランスに渡って騎乗するようになる。勝てなかったが、本場ヨーロッパの技術や競馬文化を積極的に吸収していった小島は、騎乗スタイルもしだいにヨーロッパ風になっていった。大きなアクションで馬を追う姿は一際目を引き、負ければ「フランスかぶれ」と冷笑されることもあった。それでも小島は、いいと思ったことは貪欲に取り入れていった。

またおなじころ、小島はフリー騎手になり、全と騎乗契約を結んでいる。ほとんどの騎手が厩舎に所属している時代にフリーとなって、しかもオーナーと騎乗契約を結ぶのは画期的なことである。一九八七年の一時期、些細なことでふたりの関係がこじれて小島がサクラの馬に乗らない時期もあったが、すぐに和解し、それからも小島はサクラの主戦ジョッキーとして活躍していく。

なにかと派手な話題が多かった小島だが、一年一年の勝ち星に限っていえばとくべつ秀でた騎手ではなかった。騎手成績でトップになったのは一九七二年の関東一位だけだったし、もっとも勝った年でも一九八一年の五十九勝である。三十歳代半ばも過ぎてからの勝ち星は年に二十勝台から三十勝台におちつき、関東の騎手成績でも十位台（全国では二十位台から三十位台）まで後退している。その数字だけをみれば毎年コンスタントに勝っている中堅騎手に過ぎない。

しかし、小島太という騎手には勝利数とか順位では語れない輝きがあった。相変わらず野次の標的にされていたが、ＧＩで示す存在感はまぎれもなく日本を代表するジョッキーのものだった。

毎日王冠につづいてＪＲＡレコードで圧勝したサクラユタカオーの天皇賞・秋。

岡部幸雄のメジロアルダンとの激しい叩き合いの末に、サクラチヨノオーとともに勝ちとった二度めの日本ダービー。

そしてスプリンターズステークス二連覇の名スプリンター、サクラバクシンオーの圧勝劇。

サクラの名馬とともに小島が制したＧＩは人々のこころ深く刻まれていった。

一九九四年十二月四日に通算千勝を達成した小島は、四十八歳になった翌年の秋、騎手引退を決めた。ところが引退をほのめかしたあとも天皇賞・秋をサクラチトセオーで勝つと、その翌々週にはチトセオーの妹サクラキャンドルでエリザベス女王杯を制してしまうのだ。さらに最後の年は一、二月に三勝しかしていないが、そのうち二勝が重賞（京成杯、共同通信杯。ともにサクラスピードオー）だった。それはいかにも小島らしい、派手な引き際であった。

三十年の騎手生活で小島太があげた勝ち星は千二十四。そのうち八十四勝が重賞である。それだけ勝ち星の中身が濃いということになる。また、八十四の重賞のうち半数の四十二がサクラの馬で、数多く手にしたビッグタイトルのうちサクラ以外で勝ったのはビンゴガルーの皐月賞だけである。まさに小島といえばサクラ、サクラといえば小島太だったのだ。

21 安田富男

酒と喧嘩の「穴男」

安田富男の通算勝利数は七百五十八。当時の騎手としては申し分ない成績だが、五十四歳まで乗り、三十三年間の騎手生活で積み重ねた記録だから、年平均にすれば二十三勝ほどである。八大レースも菊花賞しか勝っていない。グレード制ができてからずいぶん乗っているが、GⅠは未勝利である。

しかし、わたしたちファンから見れば、安田は残した数字や記録で語れるような騎手ではない。「おっちょこちょいの人気者」と書くと叱られるかもしれないが、勝っても負けても、安田のまわりにはいつも笑いがあった。グリーングラスの菊花賞に代表されるように、たびたびビッグショットを放っては「穴男」として頼りにされた。

そんな安田の、唯一語るべき記録は史上初となった「ＪＲＡ全場重賞制覇」である。東西の交流がすくなかった時代では、〝ローカルまわり〟が多かった安田のような騎手しかできない希少な記録だった。だが、初重賞勝ちから二十二年三か月の時間をかけてつくった記録が安田だけの偉業だったのは、わずか一年にすぎない。翌年、武豊がデビューから十年四か月で達成してしまうのだ。そういうこともまた安田らしいな、と思う。

安田富男は一九四七年十月七日に千葉県船橋市にうまれた。四人きょうだい（男三人、女一人）の二男で、父は香具師やブリキ職人などをして生計を立てていたという。いわゆるガキ大将だった安田は、小学生のときから授業をさぼっては悪さをしていたそうだが、それが競馬の世界に導くことになる。

安田は悪友たちと入場料を払わないで遊園地に入って遊ぶために、いつも船橋競馬場の横をとおっていた。そこで知り合った厩務員が小さな体を見て「騎手にならないか」と誘ってきたのだ。学校よりもおもしろそうだと思った安田は船橋の厩舎で働いてみたが、一週間で飽きてしまう。このときに、騎手になるなら中央がいいだろうという人がいて、近所にいた馬主の紹介で中山競馬場の加藤朝治郎調教師に弟子入りする。船橋のときとは違い、厩舎から中学にかようようになるのだが、辛抱できたのは「テレビを見ながら白いご飯を食べられるのがうれしかった」からだ。

中学でも相変わらず授業をさぼっていたが、それでもなんとか卒業し、馬事公苑の騎手養成所（長期講習）にはいる。同期には小島太や田島良保、平井雄二らがいた。ひとつ下の福永洋一、柴田政人、岡部幸雄、伊藤正徳らが「花の十五期生」と呼ばれて脚光をあびるようになったとき、安田らは自分たちを「ずっこけ十四期生」と呼んでいたそうだ。エリートやスターや優等生が並ぶ後輩たちとは対照的に、やんちゃな面々が揃う十四期生のなかで一番ずっこけていたのは安田だった。

騎手時代の安田の身長は百五十センチとなっているが、養成所にはいったときは百十五センチしかなかったという。体が小さすぎることもあったが、まともに学校に行っていない「小さな落ちこぼれ」は、小島太や田島良保から二年遅れて騎手試験に合格する。デビューは一九六八年三月、二十歳のときだった。

「遊ぶために騎手をしていた」

と、安田からきいたことがある。加藤朝治郎に弟子入りしたころのモチベーションは「テレビと白いご飯」だったが、騎手になると「酒とおねえちゃん」に変わっていた。

遊びが過ぎるからローカル開催では長期滞在をさせてもらえなかった。朝まで飲んでいて調教中に馬の上で寝ていた……。酒にまつわる安田の武勇伝には事欠かない。

そういうわけで、新人騎手のときにはすでに〝夜の人気者〟になっていた。二〇一九年の春、ひさしぶりに安田の取材をしたとき、こんな話をしてくれた。

「初騎乗のときには、おねえちゃんが二十人ぐらいきていて『とみおちゃーん』って言うから、手をふったら、競馬会から怒られてね」

酒好きのあかるい性格の安田だが、喧嘩っ早い男でもある。騎手時代も、引退してからもよく喧嘩をした。調教師にも刃向かった。あとで触れるが、安田がＧＩに勝てなかった一因にもなった。

そんな騎手だったから、一年め十四勝、二年めには二十六勝をあげる腕達者なルーキーだったにもかかわらず、三年めから四年間、勝ち星は一桁にとどまる。遊んでばかりいる若手への騎乗依頼はめだって減っていく。二年めには三百八あった騎乗回数は、四年め五年めは六十七、七十回というありさまである。

そのままだったら騎手人生も短命に終わったかもしれない安田を救ってくれたのがノボルトウコウである。七歳まで六十九戦十三勝（重賞五勝）し、関西の中京や小倉、地方の大井（東京）を含めて七つの競馬場で走ったこの馬で、安田はデビュー七年めの初重賞勝ちとなった小倉大賞典と関屋記念（新潟）、七夕賞（福島）に勝っている。これが「全場重賞制覇」への出発点となった。

一九七六年、安田は中野隆良厩舎のグリーングラスで菊花賞に勝った。トウショウボーイ、クライムカイザー、テンポイントらを相手に、巧みなレース運びで、インコースから抜けだしてきた。十二番人気、単勝五千二百五十円はいまも残る菊花賞最高配当である。

あの菊花賞、グリーングラスは収得賞金がぎりぎりで直前まで出走できるかどうかわからなかった。おなじ日、東京競馬場では安田が主戦騎手を務めてきたプレストウコウが特別レースに出走を予定していた。ノボルトウコウの弟で、厩舎期待の二歳馬である。二者択一を迫られた安田はグリーングラスを選んだ。加藤朝治郎は菊花賞の騎乗を承諾してくれたが、こうつけくわえた。

「二度とプレストウコウに乗れると思うなよ」

プレストウコウは岡部幸雄に乗り替わって翌年のクラシックに向かい、秋には郷原洋行で菊花賞に勝っている。それでも「二度と乗れると思うな」と言った加藤にも親心があった。日本短波賞（マルゼンスキーの二着）と毎日王冠（一着）ではプレストウコウに安田を乗せている。

ともあれ、グリーングラスによって全国に名前を知られるようになった安田は、この年はじめて三十勝台（三十一勝）に乗せ、騎手成績でも全国十八位に躍進している。それから年によってばらつきはあったが、着実に勝ち星を伸ばし、成績も安定していく。

「穴男」ぶりも存分に発揮した。一九七七年には八番人気のミトモオーで新潟記念を制すると、翌年のクイーンカップを最低人気のキクキミコで勝ってしまう。一九八一年の毎日王冠――当時のトップホースが顔を揃えた豪華メンバーだった――では、九番人気のジュウジアローで追い込んできてファンを呆然とさせた。さらにニシノスキー（八二年朝日杯三歳ステークス、七番人気）、ダイナシュガー（八四年報知杯四歳牝馬特別、八番人気）……と、伏兵で重賞を勝っていった。

一九八五年、安田はフリーになっている。四年前に師匠の加藤朝治郎が亡くなってからは息子の加藤修甫（しゅうほ）の厩舎に所属していた。十二歳年上の加藤修甫は安田を弟のようにかわいがっていたが、なにかにつけ反抗的な態度をとる安田を殴って叱ることもあった。兄弟喧嘩が原因で家を飛びだしたようなものだったが、フリーになった安田には有力馬の依頼も増え、一九八七年には生涯最多となる五十九勝をあげている。全国八位の、りっぱな一流ジョッキーである。

しかし、GIには縁がなかった。八七年にはユーワジェームスが菊花賞三着、有馬記念二着、アサカツービートが天皇賞・秋三着。翌年もスプリングステークスに勝って五戦四勝のモガミナインが皐月賞で一番人気になったが、六着。ダービーも七着に終わった。一九九三年にはユキノビジンで桜花賞、オークスとも二着。武豊が乗るベガの引立役になってしまった。

〝不肖の弟〟を気にかけていた加藤修甫からもアプローチがあった。一九八九年のことだ。

「厩舎に戻ってくれれば、この馬でダービーに行けるぞ」

「戻らねえよ」

こんなやりとりをした馬はアイネスフウジンである。中野栄治が乗ったアイネスフウジンはダービーに勝った。そのダービーで十六番人気のノーモアスピーディに乗って十三着だった安田は、検量室に向かう地下道で「中野コール」をきくことになる。

おなじようなことが一九九八年にもある。それまで安田が主戦騎手だったオフサイドトラップ（加藤修甫厩舎。馬主はノボルトウコウ、プレストウコウの渡辺喜八郎の息子、渡辺隆）が七夕賞に勝ったとき、函館にいた安田は「帰らねえよ」と騎乗を断っている。その結果、オフサイドトラップは蛯名正義が乗って重賞を二連勝すると、柴田善臣で天皇賞・秋に勝つのである。

安田が「全場重賞制覇」を達成したのはその二年前、一九九六年七月十四日の札幌スプリントステークス（ノーブルグラス）だった。一九八七年に函館のタマツバキ記念（ロータリーザハレー）に勝って九競馬場の重賞を制してから八年九か月。札幌が最後まで残っていたのは、函館と同様に重賞がすくなかった現実もあるが、札幌という街が一番の原因だったのではないか、という笑い話があったのも安田らしい。

晩年は肝臓を患って酒を控えながら馬に乗りつづけていた安田富男は、二〇〇一年九月に騎手を引退した。その四年前、安田にとって最後になったダービーで騎手人生最大のチャンスが巡ってきた。馬は皐月賞二着のシルクライトニング。しかし、スタート直前に落鉄して発走除外になっている。馬は無理をすれば走れる状態にあったが、「ファンに迷惑をかけるかもしれない」と安田は自ら馬から降りた。その無念の姿をテレビが映していた。

福永洋一

唯一無二の「天才」

福永洋一に関する資料の量はほかのどの騎手よりも多い。現役時代の記事とは別に落馬事故について書かれた記事があるからなのだが、それを見ずに原稿を書き進められたらどんなに楽だろうか、と考える。

一九七九年三月四日。毎日杯の直線で落馬。馬はテスコボーイ産駒の牝馬マリージョーイ。テンポイントが逝ってからちょうど一年。あの日、わたしたち競馬ファンは福永洋一という偉大な騎手まで失ってしまったのだ。

現役時代の記事に目をとおす。なつかしいレースもあるが、活字や先輩たちのことばで知ったレースが多い。

「天才福永洋一」

どの記事もそう表現していた。しかし、なによりも目を奪われるのは、笑ったときの写真である。ちょっとはにかみながらも、こどものような純真さを漂わせた、飾りっ気のない笑顔。それを見ていて不思議に思った。この人がどうして、あれほどまで激しく挑戦的なレースをしたのだろうか、と。


福永洋一は一九四八年十二月十八日に高知県高知市でうまれた。六人きょうだい（男四人、女二人）の末っ子である。

戦前の福永家は裕福な地主だった。父の徳治は農地を小作人に任せて外国航路の船乗りをしていたが、結婚してからはもうひとつの家業だった質屋を営んでいた。しかし戦時中にアメリカ軍の空襲で家が焼かれ、さらに終戦後のＧＨＱ（連合国軍最高司令官総司令部）の農地解放政策と一九四六年十二月の南海大地震が福永家を襲う。土地も家屋も財産も失って自暴自棄になった徳治は酒や遊びにおぼれ、母親は洋一が五歳のときに家をでてしまう。

その貧しさのなかで、まだおさない末っ子も働き手となった福永家のこどもたちが向かったのは競馬社会だった。二女は高知競馬の騎手のもとに嫁ぎ、長男の甲（はじめ）が中央競馬の騎手になり、二男の二三雄（大井競馬場）と三男の尚武（船橋競馬場）は地方競馬の騎手になった。そして福永も兄たちのあとを追うように騎手になるのだが、とくべつ騎手になりたかったわけではない、と福永はのちに語っている。

〈（騎手に）それほど魅力を感じたわけではなかったんや。ただ、あのころにしてはお金もいいし、馬に乗るのはサッソウとしていると思ったんですね。〉（『週刊サンケイ』一九七六年十二月二十三日号）

ただ、中学二年のときに徳治が亡くなり、次姉の家で生活するようになった福永は馬に接する機会も増えていた。それが騎手という職業を選択させたのは間違いないだろう。

一九六四年春、中学を卒業した福永は馬事公苑騎手養成所の長期騎手講習生となる。柴田政人、岡部幸雄、伊藤正徳らが揃う、いわゆる「花の十五期生」である。

ところが福永は最初の騎手試験に落ちてしまい、デビューは同期生たちより一年遅くなる。それでも福永が幸運だったのは、関西を代表する調教師、武田文吾に弟子入りできたことだった。武田厩舎には栗田勝を筆頭に松本善登、安田伊佐夫、渡辺栄、山本正司らがいて、鎬（しのぎ）を削る兄弟子たちの間でもまれているうちに福永の才能は萌芽し、たちまち開花していくのである。

デビューは一九六八年。この年は十四勝にとどまったが、二年めには四十五勝をあげて才能の一端を見せると、三年めには八十六勝をマークしていきなり全国のリーディングジョッキーになってしまう。五年連続で関西の座を守ってきた高橋成忠に十五勝差、関東一位の野平祐二には十八勝もの差をつける圧倒的な数字であった。

「天才福永洋一」の誕生である。

福永の登場は衝撃だった。二度めの受験で合格した青年が東西の名だたる大騎手や名騎手を圧倒し、リーディングジョッキーを独走するだけでも痛快なのに、騎乗ぶりはタブーとか常識にとらわれない驚きに満ちていた。

「洋一くんはなにをするかわからないので、実況していても怖かった」

そう言って当時を振り返るのは、福永と親交のある、アナウンサーの杉本清である。その「なにをするかわからない怖さ」が存分に発揮されたのが、福永の初クラシック優勝となった一九七一年の菊花賞である。

福永が乗る一番人気のニホンピロムーテーは二周めの向こう正面で先頭に立つと、その勢いを保ったまま逃げきってしまったのだ。「三コーナーの坂はゆっくりとのぼって、ゆっくりとくだる」という京都競馬場のセオリーに逆らうような騎乗だった。しかも人気を背負った馬でそれをやってのけた。

「福永くんの好判断でした。若いのに豪胆というか、思いきりがいいですよ」

レース後、ニホンピロムーテーの服部正利調教師が福永の騎乗をほめたのにたいし、師匠の武田文吾は、

「勝ったからいいが、あんな乗り方はない。小言でもいうか」

と、理に適わない弟子の騎乗ぶりに手厳しかったという。

デビュー四年めで早くも語り継がれるようなレースを見せた福永は、翌一九七二年には百五勝をあげている。年間百勝は野平祐二、加賀武見につづいて史上三人めの大記録となった。

またこの年は秋の天皇賞を七番人気のヤマニンウエーブで勝っている。二周めの向こう正面では後続馬を大きく引き離して逃げていたパッシングゴールが最後まで粘ってしまう展開だったにもかかわらず、福永のヤマニンウエーブは最後方に近い位置を進み、最後の直線で追い込んでパッシングゴールを首差捉えたのだった。これもまた、オールドファンの間で語り継がれてきた名レースである。

若くして常識外れのレースで勝ち星を量産する福永について、兄弟子の栗田勝と比較した武田文吾のことばがある。

〈その優劣はつけられないが、洋一の方が大胆なことをやってのけて、その一方に破れるところがある。栗田はその点、緻密だった。またがる馬が決まって、手の内に入れるまで、栗田の方が何割も違う。洋一は時代もあって数多く乗ったが、栗田の方がだいぶ上でしょう。〉（本田靖春「すべてが競馬丸のため」『日本の騎手』所収）

これを読んで思うのは、「天才福永」をつくりあげたのは天性の勝負勘だったのではないか、ということだ。大胆で挑戦的な騎乗で勝ちまくる福永には「馬乗り」というよりも「勝負師」ということばがぴったりした。それゆえに生粋の競馬人である武田の評価が厳しかったのではないだろうか。

福永は「天才」と呼ばれ、九年つづけてリーディングジョッキーを独走した歴史的な大騎手である。当然、福永が乗るというだけで馬券も売れた。しかし、可能性が薄いと思われていた馬でも勝ってしまう「穴ジョッキー」という、別の一面もあった。それがまた天才と呼ばれたゆえんなのだ。

そんな福永によく似合ったのがエリモジョージである。福永の現役時代を知るファンにもっとも印象に残る騎乗馬を問えば、エリモジョージという答えが一番多いだろう。十二番人気で逃げきった一九七六年春の天皇賞。六十キロを背負ってレコードで圧勝した函館記念（九頭中八番人気）。一九七八年には宝塚記念まで三連勝と圧倒的な強さを見せながら、そのあと一番人気で三連敗。「気まぐれジョージ」という愛称もついたエリモジョージの強さも脆さも、そのまま福永洋一という騎手の魅力にもつながる。

福永が活躍していたころはまだ東西交流もすくなく、トップジョッキーだからといって有力馬に乗れる時代ではなかったが、一九七六年の秋には関東のエース、トウショウボーイに騎乗している。「天馬と天才」の夢のコンビが組まれたのは三度だけで、神戸新聞杯と京都新聞杯を連勝したあと菊花賞では三着に負けてしまった。

それまでクラシックは菊花賞だけだった福永は、一九七七年には桜花賞（インターグロリア）と皐月賞に勝っている。とくに八番人気のハードバージを駆った皐月賞は福永の真骨頂といっていい。馬群がひしめいて窮屈なインコースの一番内をついて抜けだしてきたのである。このとき二着に負けたラッキールーラの伊藤正徳にきくと、「一瞬、ハードバージは埒の上を走ってきたのかと思った」と福永のすごさを表現していた。

一九七八年になると、福永の手綱はますます冴えわたる。百三十一勝をあげて十一の重賞に勝った。勝率は二割六分。トップジョッキーに有力馬が集まってくる時代ではないことを前提に考えると、奇跡的な数字である。この年は兄弟子の山本正司厩舎のオヤマテスコで桜花賞に勝ち、ダービーでは九番人気のカンパーリで三着に追い込んできた。結果的にそれが最後のダービーとなってしまうのだが、あの年のダービーを「福永の馬がゴール前で突っ込んできてびっくりした」と思いだすファンも多いのではないか。

一九七九年。史上最速で千勝騎手になることが約束されていた福永はまだ三十歳。騎手として脂がのってくるのはこれからである。この先いったいいくつ勝ち、どれだけの驚きを提供してくれるのか。だれもがそう期待していたこの年、「天才福永洋一」のほんとうの物語が幕を開けるはずだった。

ここまで書いて、落馬事故の資料を見はじめる。落馬したときに頭を強打した福永は脳挫傷で意識不明に陥った。一時は生命も危ぶまれたほどだったが、脳の手術に成功し、やがて意識を取り戻した。そして一九八一年二月に正式に騎手を引退した。不世出の天才騎手の成績は五千八十六戦九百八十三勝。重賞は四十九勝。勝率は一割九分三厘にのぼった。

柴田政人

すべてがダービーのために

柴田政人がウイニングチケットでダービーに勝ったとき、東京競馬場は柴田の名前をコールする、若いファンの大歓声につつまれた。アローエクスプレスもファンタストもミホシンザンも知らない世代でも、ダービー優勝が、これまでに十八度挑戦して勝てなかった柴田の宿願であることはよく知っていた。

その大歓声のなかで、柴田を応援してきたオールドファンは「政人」と口にすることに気恥ずかしさとためらいを感じていた。

関東のファンは柴田をずっと「柴田」と呼んでいた。その当時はまだ、もうひとり「まさと」という名の人気騎手がいたからだ。吉永正人である。だから当時の関東の競馬フアンにとって、柴田政人は「柴田」、吉永正人は「吉永」だったのである。

しかし、時代は移り、吉永が引退し、それと前後して柴田の甥の柴田善臣が活躍をはじめると、あたらしい世代のファンは柴田を名前で呼ぶようになっていた。だが、ずっと柴田を見てきたファンにとっては、柴田はやはり「柴田」だった。だから「政人」のコールが渦巻くスタンドのなかで、オールドファンはしずかに祝福の拍手をおくっていた。


柴田政人は一九四八年八月十九日に青森県上北郡上北町（現東北町）にうまれた。家は農業のかたわら競走馬の生産もやっていた半農半牧だった。

柴田がうまれたとき、父松夫の弟、柴田不二男は京都競馬場で騎手になっていた。さらに次兄の政見は柴田が中学生のころから騎手をめざし、二歳下の弟利秋も兄たちにつづいた。

ちなみに、長兄の松之丞の息子が柴田善臣で、父松夫のいとこには加賀武見がいる。さらにつけくわえれば、柴田の中学校の先輩には公営南関東・川崎競馬場の大ジョッキー佐々木竹見がいて、家も近く、柴田は幼いころ佐々木に遊んでもらった記憶があるという。

まさに騎手になるべき環境で育った柴田は、体こそ小さかったが、足も速く運動神経の発達した少年だった。野球が好きで、中学では野球部にはいっていた。

競馬の世界を志したきっかけとなったのは、家で飼っていたリクチュウという繁殖牝馬の世話をしたことだった。世話をしているうちに、競馬の騎手になりたいという思いが芽生えてきたのだという。

中学を卒業するとき、柴田は進学か騎手になるかで真剣に悩み、だした結論が、騎手だった。そのころ叔父の不二男は中京競馬場で調教師になっていて、兄の政見も叔父の厩舎で騎手修業を積んでいた。

だが、競馬社会の厳しさを知っている父は猛反対する。それでも、どうしても騎手になりたい柴田は反対を押しきり、家をでる。そのとき父が柴田に向けたことばは「一人前になるまで、この家の敷居を跨ぐな」だった。

柴田が家に帰ったのは騎手になって八年が過ぎてからだったという。

柴田は馬事公苑の騎手養成所（長期課程）を経て、中山競馬場白井分場（現在の競馬学校がある場所）の高松三太厩舎に入門した。高松厩舎は二年前に開業したばかりで、柴田は高松の一番弟子だった。

騎手デビューした一九六七年は八勝に終わったが、二年めには二十三勝をあげて若手の有望株として注目されはじめる。そして三年めの秋、柴田政人という騎手を語るうえで欠かすことのできない馬、アローエクスプレスに出会う。

大型の快速馬アローエクスプレスは、デビュー戦から柴田の初重賞勝ちとなった京成杯まで六連勝を記録していた。だが、スプリングステークスで関西の雄タニノムーティエの二着に敗れると、高松はクラシックは加賀武見で臨むことを決める。

高松にとっては苦渋の決断だった。師匠としては一番弟子の柴田を乗せたいという気持ちは当然ある。しかし、タニノムーティエとの対決ムードが盛りあがっているクラシックで、関東を代表するアローエクスプレスには関東のナンバーワンジョッキーを乗せるのが調教師の責務だと高松は判断したのだ。

若さゆえに「なんでおれを乗せないんだ」と高松に食ってかかったという逸話も残っているが、柴田はこのときの悔しさをバネにして大きく成長することになる。

三年後の一九七三年、柴田は六十一勝をあげて関東のリーディングジョッキー（全国では三位）となった。そしてアローエクスプレスの乗り替わりから八年後の一九七八年には、念願のクラシック、皐月賞に優勝する。馬は高松三太厩舎のファンタスト。アローエクスプレスの甥にあたる血統で、馬主（伊達秀和）もアローとおなじだった。

柴田は馬を怖がって逃げたがるファンタストに、レースに乗りながらほかの馬のうしろに控えて走ることを覚えさせていった。そうして皐月賞を勝ちとったのだが、ダービー十着、函館記念三着のあと函館競馬場で調整されていたとき腹痛をおこして急死してしまう。

辛いことは重なるものだ。ファンタストが死んだ半年後、師匠の高松が五十九歳という若さで亡くなるのだ。高松の死後、柴田は一時期境勝太郎厩舎に籍を置いていたが、高松の息子、邦男が調教師になって厩舎を開業すると、すぐに高松邦男厩舎に移っている。その後トップジョッキーの多くがフリーになっていく時代になっても、柴田は生涯「高松厩舎」所属を貫きとおした。

ところで、そのころの柴田は長距離戦で頼りになる騎手だった。ランスロット、フジノハイハット、プリテイキャスト、ホッカイペガサス、ウエスタンジェット、キョウエイプロミスと、重賞勝ち馬には一九七〇年代から八〇年代にかけて活躍した個性的なステイヤーの名前が並ぶ。なかでも歴史的な大逃走として知られるプリテイキャストの天皇賞（一九八〇年秋）や、東京三千二百メートル最後の天皇賞（一九八三年秋）を制したキョウエイプロミスで二着に追い込んできた第三回ジャパンカップの騎乗は、ファンの脳裏に強く焼きつけられている。

そして一九八五年、柴田にとって最高の名馬が現れる。ミホシンザンである。デビューから四戦四勝、皐月賞を五馬身差で圧勝したミホシンザンには、ミスターシービー、シンボリルドルフにつづいて三年連続で三冠馬が誕生するかという期待がかけられた。しかし、ダービー前に骨折。秋に復帰して菊花賞に勝っただけに、ダービーに出走できなかったことが惜しまれた。

ミホシンザンが登場したこの年、百一勝を記録して二度めの関東リーディングジョッキー（全国二位）となった柴田は、その三年後には百三十二勝をあげ、はじめて全国のリーディングジョッキーの座についている。デビュー二十一年め、四十歳になっていた。

この年はダービー制覇のチャンスもあった。騎乗馬は、デビューから二連勝のあと故障し、ＮＨＫ杯三着で復帰したコクサイトリプルである。かなりの手応えを感じていた柴田は、ダービーの前には、

「ダービーに勝ったら騎手をやめてもいいぐらいの気持ちで乗ります」

と思いを口にしていたが、結果は三着。ゴール前でよく伸びてきたが、半馬身ほど前で競り合うサクラチヨノオーとメジロアルダンを捉えられなかった。

二年後の一九九〇年には、柴田はヨーロッパのビッグレースに挑戦するチャンスが巡ってくる。高松厩舎に馬を預けている原田享が購入したアサティスに乗って、イギリスのキングジョージⅥ＆クインエリザベスステークス（三着）とフランスの凱旋門賞（十二着）に出走した。野平祐二を慕っていた柴田は海外志向も強く、それまでにもオーストラリアやフランスでの騎乗経験があったが、外国のＧⅠはこれがはじめてだった。しかも、日本人として〝キングジョージ〟と凱旋門賞の両方に騎乗したのは野平につづいてふたりめであり、〝キングジョージ〟の三着（八番人気）は海外のビッグレースにおける日本人騎手の最高着順（当時）でもあった。

翌年、増沢末夫、岡部幸雄につづいて史上三人めの通算千五百勝を達成した柴田は、すでに競馬史に名前を残す騎手となっていた。数多くのビッグレースを制し、リーディングジョッキーにもなり、海外でも活躍してきた。だが、唯一、叶わないことがあった。ダービージョッキーの称号である。

柴田の長年の夢が叶ったのは一九九三年五月三十日だった。十九度めのダービー挑戦。

馬はウイニングチケット。はじめて乗るダービー一番人気馬である。アローエクスプレスでの悔しさ。距離に泣いたファンタスト。ミホシンザンの無念。そしてコクサイトリプルでの惜敗……。ダービー前には取材も断ってレースに集中していた柴田は、手綱と鞭に積年の思いを込めて馬を追い、ウイニングチケットはそれに応えた。

レース後のインタビューで、いまの気持ちをだれに伝えたいかと問われた柴田は、

「わたしが第六十回の日本ダービーに勝った柴田政人だと、世界中のホースマンに伝えたい」

という有名なことばを口にする。それは、外国に行くたびに、「きみはダービーに勝っているのか」ときかれたことが頭にあり、咄嗟にでたのだという。

しかし、翌年の四月に落馬して左腕神経叢を損傷した柴田は、九月に騎手引退を決意する。通算千七百六十七勝。重賞優勝は八十九。結果的に、ウイニングチケットのダービーが最後のダービーとなったわけだが、ラストチャンスで最高の騎乗をし、最高のよろこびを味わった柴田ほど劇的で、しあわせなダービージョッキーはいない。

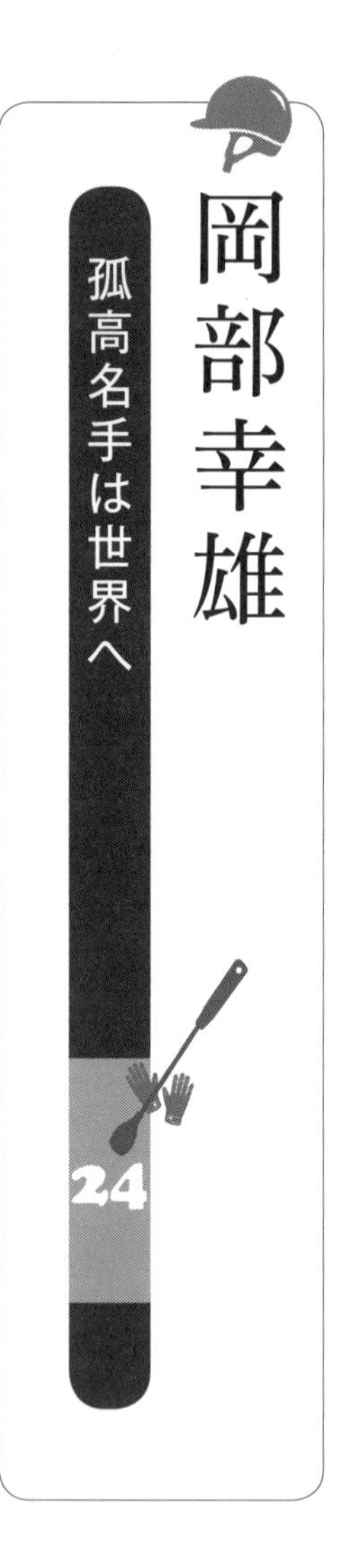

「孤高の騎手」

岡部幸雄にはそんな印象があった。尊敬の意味を込めて「ジョッキー」とか「名手」と呼ばれるようになったのは晩年のことである。

岡部はフリー騎手の先駆けのひとりでもあった。早くから海外の競馬に目を向け、時間を見つけてはアメリカに渡って経験を重ねてきた岡部の言動は、古いしきたりや人間関係が重んじられた当時の厩舎社会のなかで疎んじられることもすくなくなく、それがフリーの道を選ばせた一因にもなった。

また、「馬優先主義」ということばで知られるように、岡部は、レースのおもしろさや楽しさよりも、競馬の理想を追い求めた競馬人でもあった。ファン受けするパフォーマンスを好まず、いつも馬の将来を考えて乗り、小さな着差でもしっかりと勝たせる騎手だった。そんな岡部にとっての競馬は、プロスポーツでもエンターテインメントでもなく、大好きな馬と人間が一緒に過ごす場だった。

アイルランドのように、質素でも馬と人の距離が近い競馬をこころから愛し、競馬の主役は人でなく馬であることをずっと訴えつづけた騎手。それが岡部幸雄だった。

岡部幸雄は一九四八年十月三十一日、群馬県太田市にうまれた。ふたり兄弟の二男だった。家業は農業だったが、祖父と父が馬商をしていた関係で家にはいつも地方競馬の馬や農耕馬がいた。

二歳年上の兄は競馬には興味をもたなかったが、幼いころから馬が大好きで、いつも馬と遊んでいたという岡部は当然のように騎手をめざした。中学三年になると、ひとりで東京・世田谷の馬事公苑まで行って騎手養成所の願書をもらい、自分で応募している。

一九六七年三月、岡部は中山競馬場の鈴木清厩舎から騎手デビューする。一年めは十五勝だったが、二年めには五十四勝で関東の四位（全国七位）になると、翌年は七十二勝をあげて加賀武見につづいて関東の二位（全国四位）に躍進。弱冠二十歳ですでに関東のトップジョッキーたちと肩を並べるほどになっていた。

そのころの岡部に大きな影響を与えたのは兄弟子の高橋英夫だった。戦前からの名騎手で四十九歳まで馬に乗っていた高橋は、岡部が二年めのときに調教師に転じたのだが、まじめで自分に厳しい人物で、岡部は高橋から多くのことを学んだ。一九八三年には恩師ともいえる高橋が管理するダイナカールでオークスに優勝している。

ところで、岡部が最初のビッグタイトルを手にしたのはデビュー五年めの一九七一年で、カネヒムロで勝ったオークスだった。そしてこの一勝が、その後の岡部を形成するターニングポイントとなるのである。

その年の暮れ、馬インフルエンザの流行で関東の競馬が中止になると、カネヒムロの成宮明光調教師がオークスに勝ったご褒美として岡部をアメリカに連れていってくれたのだ。成宮は鈴木清と仲が良く、デビュー当初からずっと岡部をかわいがってくれていた。

それまでも鈴木のところで外国の競馬雑誌を眺めては欧米の競馬に思いを馳せていた岡部は、はじめて見たアメリカの競馬に大いなる刺激を受けた。そして、このときの経験をきっかけに、岡部は年末年始や夏シーズンなどを利用してひとりでアメリカに行くようになる。エージェントも通訳もいなかったが、何度も行けばアメリカの競馬関係者にも顔と名前を覚えられ、すこしずつ調教やレースに乗せてもらえるようになった。そうした地道な努力を重ねながら「国際派ジョッキー」岡部幸雄が形成されていったのである。

三十五歳になった一九八四年の春。すでに関東を代表するトップジョッキーとして活躍していた岡部に騎手人生を左右する大きな転機がおとずれる。シンボリルドルフとともに戦ったクラシックがそれである。

その年、岡部にはもう一頭の有力馬がいた。シンボリルドルフよりも派手な勝ち方でデビューから四戦全勝のビゼンニシキである。二頭は弥生賞ではじめて顔を合わせるのだが、岡部が選んだのは一番人気のビゼンニシキではなく、シンボリルドルフのほうだった。迷いはまったくなかった。

そうはいっても、ビゼンニシキの調教師は若いころから岡部に馬をあてがってくれ、アメリカに行く道を開いてくれた成宮である。それに比べてシンボリルドルフの野平祐二調教師やオーナーの和田共弘（シンボリ牧場）との関係はずっと薄かった。昔気質の騎手ならばビゼンニシキを選んでいたことだろう。岡部が騎手を引退したあとインタビューしたわたしは、当時のことについてたずねた。

「成宮先生は、ぼくがビゼンニシキに乗るのは当たり前だと思っているわけです。でも、ぼく自身はルドルフに乗ることを決めていた。それで、なんだお前は、裏切り者だ、ということになってしまった。あのあと成宮先生の厩舎の馬には何頭か乗せてもらいましたが、以前のように乗ることはなくなりました」

成宮の怒りを買い、師匠の鈴木との関係も悪くなった岡部は厩舎を離れることを決心する。その年の十月だった。

フリーになった当初、岡部は乗せてくれる調教師や馬主がいなくなるのではないかと心配もしたそうだが、案ずるより産むが易し。騎乗馬は増え、絆を断ちきって自由の身となった岡部は大きく羽ばたく。

無敗のまま三冠を達成したシンボリルドルフでさらに有馬記念(二勝)、天皇賞・春、ジャパンカップを制した岡部は、関東のトップジョッキーから日本のトップジョッキーへとのぼりつめていく。

毎年のようにGⅠに勝ち、一九八七年と九一年には全国のリーディングジョッキーになった。はじめて年間百勝を記録したのは八六年で、九〇年からは九年連続で百勝を突破している。さらに九四年には増沢末夫の持つ最多騎乗回数（一万二千七百八十回）を更新し、翌年にはおなじく増沢の記録（二千十六勝）を破って史上最多勝騎手になった。

岡部の活躍は国内にとどまらなかった。

一九八五年にはヨーロッパ遠征にでたシリウスシンボリでイギリスのキングジョージⅥ＆クインエリザベスステークス（八着）とドイツのバーデン大賞（四着）に挑み、翌年はシンボリルドルフでアメリカのサンルイレイステークス（六着）に出走した。アメリカには毎年のようにでかけて騎乗し、欧米だけでなく香港やマカオ、トルコ、ニュージーランド、ブラジル、ドバイなど世界中で馬に跨っている。

海外、とりわけ欧米の競馬先進国で経験を積み重ねた岡部は、スポーツ紙や競馬雑誌をとおして日本競馬の悪い点を忌憚なく指摘した。「馬優先主義」ということばもそのなかから生まれている。だが、日本の競馬のことを思って口にしたことも、古い体質の厩舎人からは「外国かぶれ」と誤解されることもあった。

それでも、一九九〇年代にはいると岡部と考えをおなじくする厩舎人やオーナーも増えていた。そのなかにはシンボリルドルフの野平祐二厩舎で調教助手をしていた藤沢和雄やアメリカで知り合った大樹ファームの赤沢芳樹がいた。九〇年代の半ば「岡部、藤沢、赤沢」のチームは日本の競馬が欧米に進出していく牽引車となるのである。

一九九八年八月十六日。フランスの避暑地ノルマンディーにあるドーヴィル競馬場で岡部は長年の夢を実現させた。

フランス伝統のGIレース、ジャックルマロワ賞をタイキシャトルで制したのだ。タイキシャトルの調教師は藤沢、オーナーは赤沢が代表を務めるクラブ法人である。それ以前にもタイキブリザードでアメリカのブリーダーズカップ・クラシックに二度（十三、六着）挑戦するなど、絶えず欧米の競馬を視野に入れて馬を育ててきた三人の理念が形として実現した瞬間でもあった。

このとき岡部は四十九歳。二十三歳のときにはじめてアメリカの競馬を見て以来、ほかのどの騎手よりも海外の競馬を知り、チャレンジをつづけてきた岡部にとって、この勝利はかけがえのない一勝となった。

岡部は五十歳を過ぎても馬に乗りつづけた。気がついたときには最古参騎手となり、背を小さく丸め、息子のような年齢の騎手たちと一緒に馬を御していた。五十五歳になった二〇〇三年にはけがで一年余り休養したが、それでも馬の背に戻ってきた。

晩年の岡部からは「孤高の騎手」というイメージは消えていた。笑わなかった男は、自然とこぼれる笑みが印象的な騎手になり、レース中にラフな騎乗をした騎手を殴って騎乗停止処分となった事件（一九八四年）も遠いむかしのことのように感じられた。競馬場にいる岡部は、日が暮れるまで馬と遊んでいた少年時代のように、いつまでも馬の背に跨っていたかったに違いない。

二〇〇五年三月二十日、中山競馬場。

最終レースが終わったあと岡部幸雄の引退式がおこなわれた。会場となったパドックを二万人を超えるファンが取り囲んだ。

五十六歳。騎手生活三十八年。中央競馬では一万八千六百四十六回騎乗して二千九百四十三勝。重賞百六十五勝。ＧＩは三十一勝。中央競馬史上もっとも偉大な騎手の引退式には、ファンだけでなく競馬関係者も、岡部と同時代を生きた人よりも若い世代の姿がめだっていた。若い人ほど岡部の引退を惜しんでいたのである。

その光景を見て思った。

岡部が引退するときになってようやく、日本の競馬は岡部が求めていた競馬に追いつき、人々は岡部幸雄という騎手を理解できたのだと。

西浦勝一

「世界の西浦」は突然に

ふつう、騎手の愛称とかイメージというのは長いキャリアのなかで形成され、時間をかけてファンやマスコミの間に浸透していくものである。ところが西浦勝一のばあい、それがたったひとつのレース――一九八四年、カツラギエースで逃げきったジャパンカップ――で決まってしまった、きわめてめずらしいタイプの騎手である。

そしてあのジャパンカップ以来、本人が望むと望まざるとにかかわらず「世界の西浦」と呼ばれるようになった。

アイノクレスピン、テルテンリュウ、アグネステスコ、ヤエノムテキ……。西浦が乗っていた馬たちはその時代時代で個性的な輝きを放っていた。しかしそれでも、西浦といえば「カツラギエースのジャパンカップ」なのである。

西浦勝一は一九五一年二月七日に長崎県にうまれている。しかし、父の孫一が高知競馬場の調教師をしていたことから、出身は高知県ということになる。

少年時代を馬の近くで生活した西浦はあたりまえのように騎手を夢見るようになる。そして「騎手になりたい」と父に告げると、孫一は「騎手になるなら、地方より中央のほうがいい」と言って阪神競馬場の土門健司調教師を紹介してくれた。中央を抹消された馬を受け入れたりしていた関係で付き合いがあったのだ。

こうして土門に弟子入りすることになった西浦は、中学を卒業した一九六六年の春、馬事公苑の騎手養成所（長期騎手課程）にはいる。

三年間の修業期間を経て、西浦は一九六九年三月に騎手デビューする。この年は十八歳から二十三歳まで二十六人もの新人騎手が誕生した年で、西浦は八十八戦してわずかに二勝（そのうち障害で一勝）しかあげられなかった。さらに翌年も八十三戦三勝と、将来が思いやられるような成績がつづいた。

それでも西浦が恵まれていたのは、親身になって指導してくれる土門がいたことである。研修生として厩舎に来ていたときから、夕食をはさんで夜遅くまで土門の話をきかされるのが日課となっていた。ふだんの土門は父親のような存在だったが、仕事になると厳しい師匠だったと西浦は述懐している。

〈仕事の面ではすごく厳しかったですけど、仕事を離れると思いやりがあって優しい先生でしたね。競馬で負けても怒られなかったけど、勝ったときにはいろいろと言われました。天狗にならないようにっていうことなんでしょうけど、勝つと呼ばれて2時間3時間と怒られました。〉(『優駿』一九九六年四月号、「杉本清の競馬談義」)

そのころ、土門から繰り返し教えられたのは「仕掛ける(スパートする)タイミング」だった。西浦自身も「僕の欠点は気が先走ること」(『騎手名鑑』一九八六年版)と語っているように、気が急いて早めに馬を追ってしまうところがあった。それを土門は厳しく叱り、スパートするタイミングのたいせつさを教え込んだ。その後、西浦は東京競馬場で数々の重賞に勝つことになるが、土門の教えが直線の長いコースで生かされたわけである。

また、土門はよほどのことがない限り厩舎の馬には弟子たちを乗せる調教師だった。そのおかげで、成績があがらないときでも厩舎の馬で経験を積むことができた西浦はゆっくりと技術を身につけていった。

最初の十年間、西浦はほとんど無名の存在だったといっていい。重賞勝ちはデビュー五年めのタマツバキ記念・春と京都四歳特別だけで、八年めになってようやく通算百勝に到達したレベルの騎手である。

それでも名をあげるチャンスはあった。デビュー九年めの一九七七年に土門厩舎からアイノクレスピンという有力牝馬が登場する。インターグロリア、リニアクインと並び称され、「牝馬の最強世代」として長く語りつがれてきた一九七七年クラシック世代を代表する一頭である。ところが二番人気のオークスは十二日前に交通事故に遭って乗られず（嶋田功に乗り替わって二着）、けがが癒えて騎乗できたエリザベス女王杯では一番人気になりながら四着に負けてしまったのだ。

西浦の名前が関東のファンにも知られるようになったのはその二年後の春だった。ダービー馬ロングエースの産駒、テルテンリュウでＮＨＫ杯を制し、ダービーに挑んだのだ。二十八歳にしてダービー初騎乗である。

しかし結果は三着。ゴール百メートル前までは優勝したカツラノハイセイコと競り合っていたが、最後に力尽きてしまった。しかも直線で内に斜行して、二着のリンドプルバンの進路を妨害、西浦は騎乗停止処分となっている。

はじめてのダービーは苦いレースになってしまったが、テルテンリュウは翌年の宝塚記念に優勝し、西浦は最初のビッグタイトルを手にしている。この年の宝塚記念は中京競馬場の二千四百メートルで、不良馬場となったが、スタートで出遅れながら、短い直線のインコースをついて追い込んできたのだ。西浦の思いきった騎乗が印象的なレースだった。

このとき西浦は二十九歳。ここまで時間はかかったが、ひとつ大きなレースに勝ったことで、ほかの厩舎の有力馬への騎乗依頼もくるようになっていた。

宝塚記念に勝った翌年には久保道雄厩舎のアグネステスコでエリザベス女王杯に優勝している。このレースもまた西浦の好判断が導いた勝利だった。終始五、六番手でレースを進めたアグネステスコは、四コーナーを回ってライバルたちが動きだしたなかで、スパートをぎりぎりまで遅らせて追い込み、最後は首差で勝利をもぎ取ったのである。

師匠の土門から繰り返し教えられて身に染みついていた「仕掛けるタイミング」が絶妙な、我慢の勝利だった。西浦はのちに「印象に残る一頭」としてカツラギエースとともにアグネステスコの名前をあげ、「会心のレースだった」と語っている。

〈会心のレースという点ではエリザベス女王杯のアグネステスコも印象に残っている。前走では負けたが（注・京都牝馬特別では首差の二着だった）、本番では仕掛を遅らせて際どい勝負をモノにした。前走と同じように仕掛けていたら2着に負けていたと思う。〉（『騎手名鑑』一九九五年版）

テルテンリュウ、アグネステスコとの出会いを機に西浦は関西の中堅実力派として活躍するようになる。一九八二年には勝ち数も三十勝まで伸ばして関西の十一位（全国二十六位）に上昇すると、その翌年に出会ったのがカツラギエースである。

カツラギエースは土門の長男、土門一美の厩舎の馬だった。西浦が乗るようになったのは三歳の秋からで、菊花賞は二十着に大敗したが、四歳になってからは中距離路線で活躍して宝塚記念など四つの重賞に勝っていた。しかし秋の天皇賞で五着に負けたことで人気を落とし、ミスターシービーとシンボリルドルフの「三冠馬対決」に話題が集中していたジャパンカップではほとんどノーマークの存在（十番人気）となっていた。

このとき陣営は、馬がレースに集中できるようにと、はじめて覆面を被らせている。西浦もまた手綱をふだんより三十センチほど長くもち、馬をリラックスさせて走らせることにした。

これがみごとに功を奏した。スムーズに先頭に立ったカツラギエースはそのまま気分よく逃げる。向こう正面では二番手を十馬身以上引き離すほどだったが、直線では一度後続馬群を引きつけ、そこからスパートする。緩急をつけた大胆な走りで、二頭の三冠馬を含む十三頭を翻弄してしまったのだ。

日本馬としてはじめてジャパンカップ優勝。それも〝大逃げ〟での勝利は日本中を驚かせた。そしてマスメディアは「世界の」という枕詞をつけて西浦を呼ぶようになり、地味だった中堅騎手を見る世間の目はこの日を境に大きく変わったのだった。

ジャパンカップに勝った翌年、西浦は三十九勝をあげてはじめて関西のベストテン（八位）にはいった。この年はカツラギハイデンで阪神三歳ステークスにも勝っている。カツラギハイデンは騎手だけでなく馬主も調教師も厩務員もカツラギエースとおなじということで話題となり、クラシックでも期待されたが、故障などもあって大成できなかった。

しかしその三年後の一九八八年、西浦は待望のクラシックを手にしている。ヤエノムテキで勝った皐月賞である。

この年は中山競馬場の改修工事で、皐月賞は西浦にとって相性のいい東京競馬場でおこなわれた。一枠一番から好スタートをきったヤエノムテキはそのまま内側の四、五番手をしずかに進んでいた。そして直線では周囲の馬よりもスパートのタイミングをワンテンポ遅らせて、インコースからするすると抜けだしてくる。ここでも「仕掛けるタイミング」を見計らった西浦の心憎いばかりのファインプレーだった。

はじめてクラシックを制した翌年、西浦は騎乗回数（四百八回）、勝ち星（四十一勝）ともに生涯最高の数字をマークしている。ゆっくりと階段をのぼってきた遅咲きの騎手は三十八歳になって円熟期を迎えていたのである。

だが、四十歳をすぎると体力も衰えてくる。そこにＪＲＡの競馬学校を卒業した新世代の騎手たちが台頭してくると西浦が活躍する場もすくなくなり、四十五歳になった一九九六年に騎手を引退、調教師に転じた。

通算成績は六千百三戦六百三十五勝。重賞は二十七勝。そのうちＧＩ勝ちは四つしかないが、カツラギエースのジャパンカップが燦然と輝いている。

小島貞博

戸山ファミリーの結晶

26

実働三十年の騎手生活であげた勝ち星は五百に満たない。年間の成績をみても、関西のベストテンにはいったことすらない。それでも小島貞博の名前が競馬史に残るのは、戦前からの長い歴史と伝統を誇る、平地と障害の最高峰のレースに勝っているからだ。

日本ダービー、二勝。

中山大障害、二勝。

ほとんどの騎手が夢のまま終わるダービーに二度優勝した騎手は、小島のほかに、橋本輝雄からミルコ・デムーロまで十三人いる（武豊のみ五勝）。しかし、ダービージョッキーとなり、なおかつ中山大障害を制している騎手は、小島以外には岩下密政、古山良司、伊藤（勝尾）竹男、加賀武見、根本康弘の五人しかいない。

さらに絞れば、日本ダービーと中山大障害（中山グランドジャンプ）に二勝した騎手は、小島と岩下密政だけである。これからも簡単にはつくれないというより、ほぼ不可能な記録である。


一九五一年十一月十日、小島貞博は北海道新冠（にいかっぷ）郡新冠村（現新冠町）にうまれた。新冠町は競走馬の産地として知られているが、生家は競馬とはまったく縁がないサラリーマン家庭で、小島は二男一女の長男だった。

しかしそこは競走馬生産のメッカである。中学二年から隣町の静内にある牧場でアルバイトをはじめた小島は、それがきっかけとなって競馬の社会にはいることになる。橋渡しをしてくれたのはアルバイト先の牧場に馬を預けていた馬主の谷水信夫だった。谷水は体の小さな小島を見て騎手になってはどうかと勧めてくれた。

一九六七年春。騎手になる決心をした小島は谷水に紹介された京都競馬場の戸山為夫に弟子入りする。戸山は厩舎を開いて四年めの若手調教師だった。谷水は戸山が厩舎をもったときから馬を預けており、ふたりは馬は鍛えてこそ強くなるという点で考えが一致していた。小島が弟子入りした翌年、戸山はタニノハローモアでダービーを制しているが、この馬は谷水が静内町にひらいたカントリー牧場のハードトレーニングで鍛え抜かれて強くなったのだった。

戸山の弟子となった小島は、馬事公苑の騎手養成所（長期課程）を経て、一九七一年三月に騎手デビューする。騎手時代に馬に乗れない悲哀を嫌というほど味わってきた戸山には「馬づくりは人づくり」という強い信念があり、よほどの事情がないかぎり自分の厩舎の馬には所属騎手を乗せていた。そういう意味で恵まれていた小島は、一年めは四勝しかできなかったが、三年めには二十四勝をあげて騎手成績の二十八位（関西十三位）にはいっている。だが、意外なことだが、これが小島の騎手成績の最高位となるのである。

小島がはじめて重賞に勝ったのは遅く、デビュー八年めの一九七八年だった。レースは京都大障害・秋。この年、小島は二十勝しているが、そのうち十勝を障害であげている。ここまでずっと地味な騎手生活を送ってきた小島だが、障害界では関西を代表する騎手として評価されるまでになっていたのである。

そして騎手になって十年めの暮れ、小島の名前を競馬史に刻んでくれる偉大な障害ホースに出会う。名馬テンポイントの弟キングスポイント（小川佐助厩舎）である。キングスポイントは平地では一勝しかできなかったが、障害に転じると圧倒的な強さで人気を博した名ジャンパーである。二度の五連勝を含めて十四勝し、そのうち重賞勝ちは五。コースレコードも三回記録している。一九八二年には春秋の中山大障害を制して最優秀障害馬にも選ばれた。この年は戸山厩舎にもキングスポイントとおなじ馬主（高田久成）のグレートエコー（京都大障害・秋など）もいて、小島は前年から障害重賞の騎乗機会五連勝という中央競馬史上はじめての記録もつくっている。

しかし、キングスポイントは一九八四年春の中山大障害のレース中に故障、兄とおなじようにかなしい最期となってしまった。様々な意味で小島には生涯忘れることができない馬となった。

キングスポイントとの出会いによって障害の第一人者として全国的に名前を知られるようになった小島だが、平地でも厩舎の有力馬の手綱を任されるようになり、一九八四年には重賞にも勝っている（シンザン記念など三勝）。

平地でも頭角を現してきた小島に大きな転機がおとずれたのは一九八六年の大晦日だった。障害馬の練習中に落馬して鎖骨を骨折し、新年を病院のベッドで迎えることになってしまったのだ。このとき三十五歳。このまま障害に乗るべきかどうか考えていた小島は、見舞いにきた戸山と相談し、障害の免許を返上して平地レースに専念することに決めた。

平地専門の騎手となった小島にとって忘れられない馬がいる。一九八八年ラジオたんぱ杯三歳牝馬ステークスに勝ち、翌年の桜花賞で三着になったタニノターゲットである。すばらしいダッシュ力とスピードをもった馬で、『騎手名鑑』(一九九〇年版)では「印象に残るこの一頭」としてこの馬の名前をあげた小島は、「私の騎乗特徴」としてこんなふうに語っている。

〈レースの主導権を握れる先行馬が好きですね。後ろから行く馬は他力本願、前くずれの展開にならないと勝てないのでは、僕の気性には合っていません。〉

じつは、いつの年の『騎手名鑑』を見ても、小島はおなじように「逃げ、先行」が好きだと語っているのだ。ふだんは感情をあまり表にださず、物静かな印象を与える小島が、攻撃的な「逃げ、先行」のスタイルを好んでいたところがおもしろい。

そんな小島に最高のパートナーが出現する。スタートから一直線に逃げる、硬質なレースで二冠馬となったミホノブルボンである。

時間をかけて長い距離を走らせる戸山厩舎独特の調教法は「戸山式インターバルトレーニング」と呼ばれていたが、栗東トレーニングセンターに坂路コースがオープンすると、戸山は坂路を使ったインターバルトレーニングで馬を鍛えていく。その象徴となったのがミホノブルボンだった。

一九九二年春。マスコミのなかには血統面から長い距離への不安を口にする人も多かったが、戸山式ハードトレーニングで鍛えられたミホノブルボンは、「逃げ、先行」が好きな小島を背に、無敗のまま皐月賞、ダービーと勝ち進んでいく。戸山はそれを「ファミリーの勝利」と表現した。事実、ミホノブルボンの登場は「戸山ファミリー」が競馬界におこした革命ともいえた。

ミホノブルボンが活躍した年、小島は八つの重賞に勝った。年間の騎乗回数が百六十三回で三十一勝、勝ち数も生涯最高を記録している。四勝のうち一勝が重賞という割合で、勝率も一割九分と高い。勝利数だけをみれば全体の三十二位（関西二十位）でしかないが、中身の濃さでは際だった一年だった。

四十一歳にして騎手人生最高のときを迎えた小島だが、思いもしなかった不幸に見舞われる。父親のように慕ってきた戸山が食道癌によって急逝するのだ。ミホノブルボンのダービーからちょうど一年後の五月二十九日。ダービー前日の訃報だった。

〈小島は寡黙な男で多くは語らないが、不遇な少年時代をすごし、中学を卒業して私のもとにきた。それ以来ずっと戸山厩舎の専属騎手として、というよりも家族の一員のようにして苦楽をともにしてきた。走る馬にも乗ったが、どちらかといえば走らない馬のほうが多かったろう。その小島に、ダービーの栄冠をとらせてやりたかった。〉(『鍛えて最強馬をつくる』)

闘病中に戸山が書いた著書の一文である。これを読むだけで戸山と小島の関係がわかり、戸山を失った小島のショックの大きさが想像できる。

戸山が亡くなって厩舎が解散になると、人も馬も別々の厩舎に移っていった。四十一歳になった小島は乗る馬もすくなくなり、調教師試験のことを真剣に考えるようになっていた。そのとき小島に手をさしのべたのは鶴留明雄調教師だった。

鶴留は戸山厩舎の先輩騎手だった。武田文吾厩舎でデビューして戸山厩舎に移った鶴留は、正確に言えば武田の弟子ということになる。しかし二十四歳のときから戸山に世話になっていた鶴留にとって、小島は「おなじ釜の飯を食った」後輩であり、小島にすれば鶴留は兄弟子同然の存在である。

そして鶴留に迎え入れられた小島にふたたび華やかなスポットライトが当たる。

一九九四年、小島は鶴留厩舎のチョウカイキャロルでオークスに優勝する。その日は戸山の一周忌法要の前日だった。

さらに翌年、小島は鶴留厩舎のタヤスツヨシで二度めのダービー制覇をやってのける。タヤスツヨシは最初の二戦はやはり戸山の弟子である小谷内秀夫が乗り、そのあとは小島が主戦騎手を務めた。共同通信杯のときだけ小島がチョウカイキャロルで京都記念に乗っていたために武豊に手綱を譲ったが、そのあとはずっと小島が乗っている。タヤスツヨシのダービー優勝もまた「戸山ファミリー」の勝利だったのだ。

しかし、タヤスツヨシのダービーが小島の最後の重賞勝ちとなった。それから小島は調教師試験を受験するようになり、合格した二〇〇一年に騎手を引退する。通算成績は四千七百二十二戦四百九十五勝。重賞は二十七勝。これだけの数字の騎手がダービーと中山大障害に二勝したのである。

南井克巳

タマモクロスのような騎手人生

27

最初に、関東の競馬ファンの視点から書くことをお許しいただきたい。

一九八〇年代のはじめ——南井克巳という騎手の名前を大レースでもたびたび目にするようになったころ——はまだ、関東の競馬ファンのなかには南井を「みなみい」と読む人もすくなくなかった。

関西のランキングでは上位にいて、重賞もいくつか勝っているようだが、実際はどんな騎手なのかよくわからない——。

当時の関東ファンの、南井の印象はだいたいそんな感じだったろうか。

しかし、それから何年もしないうちに南井は一頭の名馬に出会い、名前も実力も全国に知られることになる。南井の騎手人生を一変させた馬、それがタマモクロスである。それまで無名の一勝馬だったタマモクロスが突如連勝をはじめたのは一九八七年の秋だった。そして翌年には三つのGⅠを制し、八〇年代末を代表する名馬となる。

のちに南井は自分自身を「タマモクロスに似た騎手人生だった」とも語っている。


一九五三年一月十七日、南井克巳は京都市伏見区でうまれた。七人きょうだい（男五人、女二人）の末っ子だった。伏見は京都競馬場にも近いが、南井が四歳になったときに一家は愛知県刈谷市に引っ越している。

南井のなかで馬を見た記憶が残っているのは刈谷市に移ってからで、農耕馬や祭りの馬に接するうちに自分も馬に乗ってみたいと思うようになったのだという。そんな息子のために、父親は中京競馬場や地方の名古屋競馬場に連れて行ってくれたりした。

やがて、中学を卒業した南井は、馬事公苑の騎手養成所（長期課程）を受講し、栗東トレーニングセンターの工藤嘉見厩舎に入門する。

工藤厩舎にはいったのはひょんなことがきっかけだった。騎手養成所に願書を送ったころ、中京競馬場に馬を見にきていた南井は、塀を乗り越えて中にはいってしまったことがあった。そのとき南井を見つけた厩務員が、競馬の騎手になりたいという話をきいて、紹介してくれたのが工藤だったのだ。

一九七一年、工藤厩舎から騎手デビューした南井はいきなり二十勝をあげる。さらに翌年は三十四勝で関西の騎手成績で四位（全国十位）、三年めは四十六勝で関西三位（全国五位）に躍進、関西の有望な若手騎手として注目されるようになる。三年めには中日新聞杯などふたつの重賞にも勝った。

ところが、ここから伸び悩む。順位こそ関西でもトップクラスに位置しているのだが、勝ち星は期待されたほどに伸びず、重賞も一九七五年の北海道三歳ステークス（現札幌二歳ステークス。当時はダート）に勝っただけだった。

そして心機一転をはかった南井は一九七七年の十月に工藤厩舎をでて、翌年の三月から宇田明彦厩舎に移っている。だが、移籍一年めにあげた勝ち星はわずかに八。関西の騎手成績で六十六位、全国で百二十四位と、生涯最低の成績に終わった。それからもしばらくは我慢の時期がつづき、三年めにあげた四十六勝を超えられないでいた。

その壁を破ったのは三十歳を超えてからだった。一九八四年に六十一勝をあげて関西四位（全国八位）に上昇すると、それからは毎年着実に勝ち星を伸ばしつづけ、八七年には九十九勝で関西のリーディングジョッキーになっている。この時期から重賞の勝ち数も増え、関西を代表する騎手のひとりとなった南井だが、どういうわけかここまでGIには縁がなかった。おなじ関西でも年下の河内洋や田原成貴が華やかな活躍を見せていただけに、どうしても地味な印象はぬぐえなかった。

GIに近づいたレースは何度かあった。とくに勝ち星も上昇した一九八四年には、天皇賞・春（ミサキネバアー、八番人気）、エリザベス女王杯（キクノペガサス、五番人気）、菊花賞（ゴールドウェイ、七番人気）と三つのGIで伏兵馬を二着に導いていた。なかでもキクノペガサスの二着はスパートが早すぎて頭差で負けてしまったもので、のちに南井は自分のミスで勝ちを逃したと語っている。

〈キクノペガサスっていう馬は強かったと思う。僕のミスでエリザベス女王杯は取れなかったけど。〉（『優駿』一九八八年三月号、「杉本清の競馬談義」）

だが、この対談が収録されたときにはすでにタマモクロスの快進撃がはじまっており、南井が待望のGIを勝ちとる日も目前に迫っていたのである。

南井がタマモクロスに出会ったのは関西のリーディングジョッキーになった年のことだった。血統も二流ならば、うまれた牧場が倒産してしまうという背景をもつタマモクロスは、細く見栄えのしない芦毛で、三歳の夏まで無名の一勝馬にすぎなかった。それが秋になると馬が変わったかのように連勝をはじめる。そして二勝めをあげてから半年後に天皇賞・春に勝ってしまうのである。南井にとっては、八大レースを含めて五十一度めの挑戦でようやく勝ちとったビッグタイトルだった。このとき三十五歳。デビューして十八年めのことである。

さらに宝塚記念に勝ったタマモクロスは、オグリキャップとの〝芦毛対決〟が話題となった秋の天皇賞まで八連勝。うち重賞六連勝で、GⅠ三連勝という記録を打ち立てた。しかもこの年、南井は自己最高となる百十勝をあげている（関西二位、全国三位）。

突如として現れたスーパーホースによってGⅠという高く厚かった壁を乗り越えた南井は、翌年の秋、さらなる脚光を浴びることになる。タマモクロスと三度にわたって名勝負を演じたオグリキャップの主戦騎手として迎えられたのだ。

南井が手綱をとったオグリキャップはおよそ九か月ぶりのレースとなったオールカマーをレコードで飾ったのを皮切りに、走るたびにファンの脳裏に焼き付く名勝負を演じてくれた。春の天皇賞馬イナリワンとの叩き合いを鼻差で制した毎日王冠。外から猛然と追い込んでスーパークリークの首差まで迫った天皇賞・秋（二着）。絶望的な位置からバンブーメモリーを追い詰め、優勝インタビューで南井が涙したマイルチャンピオンシップ。さらにその翌週、鬼気迫る追い込みでニュージーランドの牝馬ホーリックスに迫っていったジャパンカップ（二着）――。

このシーズンのオグリキャップのハードスケジュールは論議の的となり、関係者には批判も集まった。そうした騒ぎのなかでもオグリキャップは一戦一戦懸命に走りつづけた。

また、南井が乗っていたときのオグリキャップは苦境に陥ってもけっしてあきらめず、懸命に追い込んでくる馬だった。馬の走りも、追う騎手の姿も都会的なスマートさとはかけ離れていたが、歯を食いしばって前の馬を追うオグリキャップと南井の熱さはそのままファンに伝わり、オグリキャップは国民的なアイドルホースとなっていった。

だが、秋シーズン六戦めとなった有馬記念で五着に負けると、それ以降、南井がオグリキャップに乗ることはなかった。一九八七年の春には二冠牝馬となるマックスビューティから降ろされた苦い経験もある南井だが、それにつづく悔しい乗り替わりであった。

それでも、すでに日本を代表するトップジョッキーとなっていた南井はつねに騎手成績の上位をキープし、毎年のようにＧＩに勝っていく。そして四十歳になった一九九三年の夏、南井の前にタマモクロスとオグリキャップを超える名馬が現れる。

三冠馬ナリタブライアンである。

ナリタブライアンがクラシックを走り抜けた一九九四年、わたしたちは飽きるほどおなじようなシーンを見せられた。最初は後方を進んでいても、四コーナーではいつの間にか先頭に立ち、あとはそのまま独走する。あの年のゴール写真にはいつもナリタブライアンと南井しか写っていなかった。

皐月賞、三馬身半。ダービー、五馬身。菊花賞、七馬身。有馬記念、三馬身。

史上まれにみる強さで三冠を勝ちとり、有馬記念も楽勝したナリタブライアンは、実際には大変なエリートホースだったのだが、先輩三冠馬のミスターシービーやシンボリルドルフのようにエリート然としていない、どことなく泥臭い雰囲気を漂わせていた馬だった。それが奇妙に南井に似合っていた。

ナリタブライアンが三冠馬になった一九九四年、南井はマーベラスクラウンでジャパンカップにも勝ち、年間GI五勝という記録も残している。重賞も十勝と、生涯でもっとも充実した一年だった。

南井はその後、落馬事故によって五か月ほど休養した時期を除けば、四十六歳になった一九九九年二月に引退するまで大きく成績を落とすことなく現役をまっとうしている。

騎乗技術だけでいえば、南井はけっして卓越していた騎手ではない。もっときれいなフォームで、じょうずに乗る騎手は若手にもたくさんいた。だが、南井の騎乗にはどんな騎手にも負けない「闘志」とか「熱さ」があった。そしてそれが馬を走らせた、と思う。

通算千五百二十七勝。最初の十七年間でビッグタイトルに縁がなかった地味なジョッキーは、その後の十二年で十六のＧＩに勝ち、競馬史に名を残す多くの名馬に乗り、九〇年代を代表するジョッキーとなった。前半と後半でこれほど極端に色合いの違う騎手人生を送った人はほかにいない。それはまさに「タマモクロスのような騎手人生」であった。

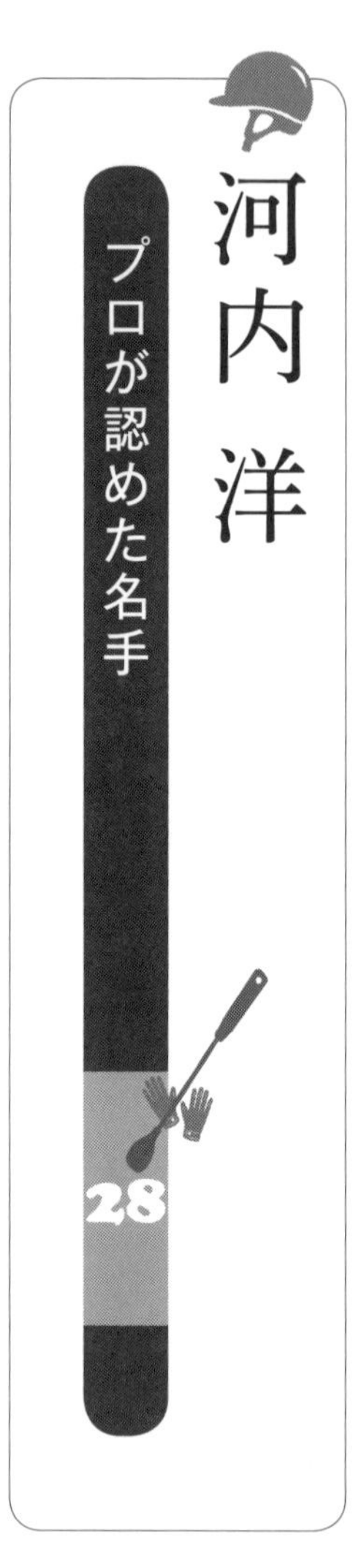

28 プロが認めた名手 河内 洋

男は四十歳を過ぎたら自分の顔に責任をもてとか言われるが、ベテランと呼ばれるようになったころの河内洋の顔を見て、いい年のとりかたしているな、と感じたファンは多いことだろう。とくべつハンサムなわけでもないし、渋い中年というのともちょっと違う。しかし、ほんとうにいい顔をした人である。普段はことばもすくなく、淡々として、自分のペースで仕事に臨んでいるような河内だが、そのやわらかな雰囲気は接する人を和ませてくれる。

それは馬に乗っているときも変わらなかった。奇をてらうようなレースをすることもなく、マスメディア受けする派手な言動も慎んだ河内の魅力は、なにごともなく馬を走らせてしまうところだった。肩肘張らずに、きちんと馬を勝利に導くのである。

若手騎手に「うまい騎手は」とたずねると、決まってでてくる名前が河内だった。あるベテラン調教師が「ほんとうは、天才というのは河内のような騎手をいうんだよ」と話してくれたこともあった。馬のプロフェッショナルが認めた騎手。それが河内洋だった。

一九五五年二月二十二日、河内洋は大阪市にうまれた。

祖父の河内幸四郎は京都競馬場の調教師で、河内がうまれた当時、父の信治は地方競馬の長居競馬場（大阪市）で騎手をしていた。その後、長居競馬が廃止になると、信治は調教師になり、一家は大阪府岸和田市にあった春木競馬場に移っている。

競馬一家にうまれ、厩舎で育った河内は物心がついたときから馬に接し、小学校にはいったころにはすでに馬に乗っていた。中学二年になると父の厩舎の馬にも乗るようになった河内が（当時の地方競馬では中学二年になると調教することが認められていたという）、騎手を志したのはごく自然の流れだった。のちに競馬のプロが「天才」と認める騎乗感覚はこのころから養われていたのである。

中学を卒業した河内は、京都競馬場の武田作十郎厩舎に入門する。祖父の幸四郎との関係で武田厩舎にはいる前の馬を河内の父が預かっていたことが縁となり、武田が河内の面倒をみてくれることになったのだ。当時、武田厩舎には「名人」と謳われた名ジョッキー、武邦彦もいた。

ところが、騎手をめざして武田厩舎に入門した河内だが、がっしりとした体型のためか体重が重く、見習い騎手となる規定体重を二年つづけて超過してしまう。結局、馬事公苑の短期騎手課程を経て騎手免許を取得したのは十九歳の春だった。

体重が重くてデビューまで時間がかかった河内だが、天性の才能はすぐに発揮される。一九七四年三月三日、中京競馬第二レースのデビュー戦でいきなり勝ってしまうのである。しかもこの年は二十六勝をマーク、新人ながら関西の騎手成績で七位（全国十八位）になるという破格のデビューだった。

二年めは二十五勝（関西十位）と成績を落としたものの、小倉大賞典で重賞初勝利を飾っている。三年め以降は着実に勝ち星を伸ばし、五年めには六十八勝をあげて関西二位（全国三位）に躍進すると、一九七九年にはオークスを制している。馬はアグネスレディー。のちに母そして祖母として、河内のもとにすばらしい名馬を送り届けてくれる牝馬である。

その年はオークスにつづいて菊花賞（ハシハーミット）にも勝った河内は、一九八〇年には七十二勝をあげて全国のリーディングジョッキーになっている。デビュー七年めの二十五歳。関西に登場した恐ろしく腕の達者な若者は、いとも簡単に日本一のジョッキーとなっていた。

それまでリーディングジョッキーを独走してきた福永洋一が落馬事故によって引退し、先輩の武邦彦にも陰りが見えてきた一九八〇年代のはじめ、関西の騎手界は対照的なふたりの若者が旋風を巻きおこしていた。ひとりは河内であり、そしてもうひとりが四歳年下の田原成貴である。

田原は独創的な騎乗や派手なパフォーマンスで物議を醸すことも多かったが、その挑戦的な言動は若い世代のファンから支持を得ていた。それにたいして、物静かでフェアな騎乗を心がける河内は、逃げるにしても追い込むにしてもだれもが納得できる騎乗で勝ち星を重ねていく、玄人好みの騎手だった。ふたりはなにかにつけ比較され、周囲からはライバルのように見られていた。

のちに『優駿』（一九九四年二月号）のロングインタビューで作家の藤本義一に「ラ

イバルとかは考えないですか」と問われた河内は、田原の名前をだしてこう語っている。

〈ライバルというのとは違うかもしれませんが、刺激を受けるのは田原騎手ですね。年齢は彼の方が下ですけど、ある時代同じように生きてきた時代がありましたからね。〉

生き方や騎乗スタイルは違っても、同世代の好敵手に刺激された河内は、天皇賞・春（一九八一年、カツラノハイセイコ）、有馬記念（八二年、ヒカリデユール）、エリザベス女王杯（八三年、ロンググレイス）と毎年のようにビッグタイトルを制していった。

そして、八〇年代の半ばには河内洋の名前を決定的にする二頭の名馬に出会う。一頭はニホンピロウイナー。そしてもう一頭がメジロラモーヌである。

一九八四年、ＪＲＡは大幅な番組改編を断行する。グレード制を導入し、距離体系を整備したのだ。この改革によって登場したヒーローがニホンピロウイナーである。新設されたマイルチャンピオンシップを二連覇し、ＧＩに格付けされた安田記念にも勝ったニホンピロウイナーは二十六戦十六勝（重賞十勝）という成績を残したが、河内が乗ったときは三つのＧＩを含めて十五戦十一勝（重賞七勝）と、抜群の相性をみせたのだった。

一九八六年にはメジロラモーヌで牝馬のビッグタイトルを独占した。それまでは圧勝したかと思えばあっけなく負けてしまう脆さがあったメジロラモーヌは、河内が騎乗すると馬が変わったかのように安定した走りを見せる。そして、小さい着差でも最後にきちんと勝つ、おとなびたレースで史上七頭めの二冠牝馬となるのである。さらに秋にはエリザベス女王杯にも勝って、〝牝馬三冠〟というあたらしい概念をうみだしたのだった。しかも三つのトライアルを含めて重賞六連勝という離れ業での偉業達成だった。

ニホンピロウイナーとメジロラモーヌが走っていた八五年と八六年、河内は百勝を超える勝ち星をあげて二年連続で全国のリーディングジョッキーにも輝いている。さらに一九八八年にはアラホウトクで二度めの桜花賞を制し、オグリキャップ、サッカーボーイという〝競馬ブーム〟の火付け役となった人気馬の手綱もとった河内は、六月四日には通算千勝を達成している。デビュー十五年め、三十三歳での千勝到達は加賀武見の三十五歳を更新する史上最年少記録となった。

一九九〇年の春、河内は三度めの桜花賞を手にした。馬はアグネスフローラ。十一年前にオークスに勝ったアグネスレディーの娘である。アグネスフローラはデビュー戦から五連勝で桜花賞に勝ち、オークスで二着に敗れたあと脚の故障で引退してしまうのだが、やがて母となった彼女はさらに人々を驚かせることになる。

「牝馬の河内」

アグネスフローラで桜花賞に勝ったころから河内はそんな呼ばれかたもしている。アグネスフローラのあとにもダイイチルビー（安田記念、スプリンターズステークス）やニシノフラワー（桜花賞、スプリンターズステークス）でＧⅠを制している。無理に型にはめることもなく、馬に負担をかけない河内のやわらかな騎乗スタイルが牝馬に向いていたのだろう。

そうした一方で、一九九〇年には日本人としてはじめてアメリカのブリーダーズカップ・スプリントに騎乗（アジュディケーティングで四着）した河内は海外で乗るチャンスも増え、欧米だけでなくマレーシアやブラジルでも騎乗している。また、一九九三年のジャパンカップをレガシーワールドで制し、一九九八年にはミッドナイトベットで香港国際カップ（当時は国際ＧⅡ）にも勝つなど、〝国際派ジョッキー〟と呼ばれてもおかしくない活躍ぶりだった。

九〇年代にはいってからの河内は毎年六十勝から八十勝台の勝ち星をコンスタントにあげていたが、勝ち数では弟弟子の武豊に水をあけられ、関西でも二、三番手に落ち着いていた。それでも大一番になれば頼りにされ、その期待にきちんと応える騎手でありつづけた。

そして迎えた二〇〇〇年五月二十八日。河内の騎手生活で最高の瞬間がおとずれる。それまで十六度騎乗して勝てなかったダービーをアグネスフローラの息子、アグネスフライトで勝ちとったのだ。あのゴール前、武豊が乗る一番人気のエアシャカールとアグネスフライトが馬体を接すると、河内にはめずらしく、姿勢を崩すほど激しく馬を追う姿が印象的だった。着差はわずかに鼻。デビュー二十七年めの四十五歳。まさに執念で勝ちとったダービーだった。

さらに翌年、河内はアグネスフライトの弟アグネスタキオンで皐月賞に勝つ。無敗の四連勝で皐月賞馬となったアグネスタキオンは母とおなじように脚の故障で引退を余儀なくされるが、河内は栗田勝、保田隆芳、菅原泰夫、武豊につづいてクラシックを完全制覇、史上五人めの〝五冠ジョッキー〟となった。

河内が引退したのはその二年後だった。中央競馬では通算二千百十一勝。重賞は百三十四。それぞれが、河内のおだやかな笑顔とともに、わたしたちの記憶に刻まれている。

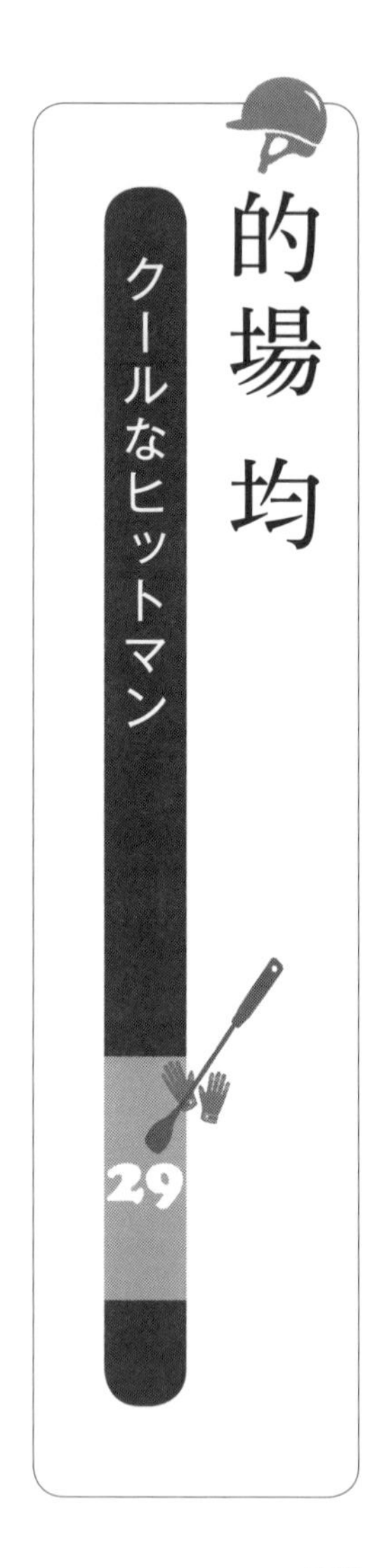

的場均

クールなヒットマン

29

ジョッキーの愛称も様々だが、本人にとってはあまりありがたくない呼ばれかたもあるだろう。もしかすると、「刺客」とか「ヒットマン」、「マーク屋」などと呼ばれた的場均もそのひとりかもしれない。

「マーク屋」とは競輪用語で、ほかの選手のうしろにつけてレースを進める選手をさすことばなのだそうだが、見る側からすれば、相手はこの一頭と決めたときの的場のレース運びは際だっていた。その象徴的なレースが三冠を狙うミホノブルボンをライスシャワーで破った菊花賞である。

その一方で、的場には冷静な騎手というイメージもあった。コースに入場するときには口笛を吹き、たてがみをなでながら馬を落ちつかせる姿が印象的だった。大きな仕事をやってのけたあとでも、どこか他人事のような表情でインタビューを受けていた的場は、性格なのか、感情をストレートにだして語ることもなく、マスメディアに媚びるようなこともなかった。

そうして見ると、たしかに、的場均という騎手は「クールなヒットマン」のようなジョッキーだったかもしれない。

的場均は一九五七年三月二十五日、北海道新冠郡新冠村（現新冠町）でうまれた。意外な感じもするが、北海道の馬産地として名高い日高地方から誕生した最初の「千勝ジョッキー」が的場である。

家は海沿いを走る国道から十数キロはいった山間部にあった。家業は農業だったが、競走馬の生産もしていて、的場は幼いころから馬に接して育っている。十人きょうだい（男五人、女五人）の末っ子だった的場を両親はかわいがり、競馬にめざめたのも父に連れられて生産馬の応援に札幌競馬場に行ったことがきっかけだった。このとき、幼かった的場は競馬は「馬の運動会」だと思ったという。

中学を卒業するとき、馬事公苑の騎手養成所（長期講習生）を受験したが不合格となった。そのとき、かわいい末っ子の夢をなんとしても叶えてあげようと思った家族は、役場や農協、牧場主、馬主など方々のつてを頼りにして、中山競馬場の大久保房松調教師を紹介してもらう。

一八九七年うまれの大久保は当時七十四歳。「もう弟子はとらない」と言っていた大久保の最後の弟子が的場だった。大久保厩舎に入門した的場は、馬事公苑の短期騎手講習生を経て、一九七五年三月に騎手免許を取得する。

あとになって思えば、長期講習生の試験に落ちたことは的場にとって幸運だった。大久保は昭和を代表する大調教師のひとりであり、厩舎には郷原洋行という偉大な騎手がいた。的場は、たんに技術だけでなく、人間としてもすぐれた兄弟子の背中を見ながら若い時期を過ごせたのである。

一九七五年に騎手デビューした的場は、一年めは十二勝にとどまったが、二年めには二十七勝をあげて重賞（スプリンターズステークス）にも勝っている。三年めは四十六勝で関東五位（全国七位）に躍進し、関東の若手の有望株として注目される存在となった。

当時、関東の騎手界はデビューしたての若手が活躍する余地などないほど層が厚かった。加賀武見を筆頭にし、兄弟子の郷原、嶋田功、中島啓之、増沢末夫というベテランがいて、その下の世代の小島太、柴田政人、岡部幸雄という腕利きがリーディングジョッキーを争っていた。さらに大崎昭一、田村正光、菅原泰夫、吉永正人といった一癖も二癖もある猛者たちがひしめいていた。的場はそのなかでもまれ、技術を磨いていった。

そのころ、的場の騎手人生に大きな影響を与えた騎手がふたりいる。ひとりはいうまでもなく郷原である。的場自身が「身近にいたお手本」と語る兄弟子からは、仕事にたいするまじめさや厳しさを学んだ。

そしてもうひとりは、意外な感じがするのだが、関西の福永洋一である。夏の北海道で一緒に馬に乗るうちに親しく接してくれるようになった福永は、具体的にアドバイスしてくれるわけではなかったが、「無印の馬を勝たせてしまう天才」（的場）の騎乗は見ているだけで刺激的であり、福永によって競馬観が大きく変わった、と的場はのちに語っている。

偉大な先輩を手本にし、「天才」福永に感化された的場は、関東のベテラン騎手たちに押しつぶされることもなく、着実にステップアップしていく。早くから将来を嘱望された若手としては数字の伸びはもどかしいほどゆっくりだったが、それでも関東のトップジョッキーとしての地位を固め、全国のベストテンにはいる勝ち星をあげるようになっていた。

関東のトップジョッキーとして揺るぎのない地位を築いた的場だったが、なぜかビッグタイトルには縁がなかった。あとすこしでタイトルに手が届く惜しいレースもあったが、いつも勝者を引き立てる脇役でしかなかった。

転機になったのは年号が昭和から平成に変わった一九八九年だった。デビューして十五年め、三十二歳になったこの年、調教師の定年制導入によって師匠の大久保（当時九十一歳）が二月いっぱいで引退し、フリーになった的場はその一か月後の皐月賞に勝つのである。馬は義兄（夫人の兄）の柄崎孝調教師が管理するドクタースパート。的場の故郷、新冠町の牧場でうまれ、道営競馬から中央にはいってきた馬だった。

悲願だったクラシックに勝った三年後、的場にとって生涯忘れることのできない名馬に出会う。ライスシャワーである。

菊花賞ではシンボリルドルフ以来の無敗の三冠を目前にしたミホノブルボンを下し、翌年は春の天皇賞三連覇という偉業に挑んだメジロマックイーンを完封したライスシャワーは、多くの競馬ファン——とくに関西圏のファン——にとっては仇役となった。実際、このころから関西のメディアを中心にして、的場とライスシャワーは「刺客」とか「ヒットマン」というような呼ばれかたをするようになっている。

不思議なことに、的場はそれ以前から「三連覇」を阻止した騎手だった。たとえば中山記念三連覇を狙ったカネミカサ（一九八〇年）とエイティトウショウ（一九八四年）をヨシノスキーとテュデナムキングで破っている。いささかこじつけになるが、重賞初勝利となった一九七六年のスプリンターズステークスも、最低人気のジャンボキングで「サクラ」（馬主、さくらコマース）の三連覇を阻止している。

そして、ミホノブルボンとメジロマックイーンの偉業を阻んで図らずも悪役にされてしまったライスシャワーと的場を待っていたのは、あの宝塚記念の事故だった。そのとき、一転してライスシャワーを「悲劇の主人公」として扱うようになったマスメディアにたいして的場は沈黙を保った。的場にとってライスシャワーは「悪役」でも「悲劇のヒーロー」でもなく、一頭の愛すべきパートナーだったのだ。マスメディアに媚びず、口を閉ざし、自分のなかでパートナーの死を消化していたところはいかにも的場らしい。

だが、皮肉なことに、非業の死を遂げたライスシャワーによって、的場は人気ジョッキーの階段をのぼっていくのである。

その二年後。四十歳になった的場はそれまで乗ったどんな馬よりも強い二頭のアメリカ産馬の主戦騎手に迎えられる。一頭は四連勝で朝日杯三歳ステークスをレコード勝ちしたグラスワンダー。そしてもう一頭が五戦無敗でNHKマイルカップに勝ったエルコンドルパサーである。しかしそれは、甲乙つけがたい二頭から一頭を選ぶという、的場にとって苦渋の選択を強いられることでもあった。

一九九八年、毎日王冠。二頭の最初で最後の対戦となったこのレースで的場が選んだのは、朝日杯のあと骨折して十か月ぶりのレースで体調も万全でないグラスワンダーだった。グラスワンダーは逃げるサイレンススズカに早めに勝負を挑んで五着に敗れ、蛯名正義に乗り替わったエルコンドルパサーは後方から追い込んで二着を確保した。

その後、エルコンドルパサーはジャパンカップに勝ち、翌年はヨーロッパに滞在して凱旋門賞で二着にはいる。ジャパンカップのあとエルコンドルパサーについて的場はこう語っている。

〈毎日王冠でぶつかって、負けて、エルコンドルパサーがジャパンCを勝って、ぼくの選択ミスだったんじゃないかって言われましたけど、ぼくはそうは思っていなかったし、エルコンドルパサーが勝ったときには、素直に嬉しいと思いましたよ。自分は乗っ

ていなかったけど、嬉しかったですね。〉（『優駿』一九九九年二月号）

的場が選んだグラスワンダーは有馬記念（二連覇）と宝塚記念に勝ったものの、故障が多く、満足のいく競走生活を送れなかった。そして凱旋門賞挑戦の計画もあった二〇〇〇年春、レース中に骨折して引退する。

的場が騎手を引退したのはその八か月後のことだった。

通算千四百四十勝をあげた名ジョッキーでありながら、的場均にはどことなく印象の薄い面があった。騎手成績でいえば一九九四年に全国三位（関東二位）になったのが最高位で、リーディングジョッキーにはなっていない。年間百勝にもあとすこし及ばず（一九九五年の九十四勝が最多）、ＧⅠは十三勝しているが、すべての騎手の夢でもあるダービーには勝てなかった。

それでも的場ほどデビュー当初から引退するまで一定のレベルを保ちながら活躍した騎手はいない。腕や技術はだれからも高く評価され、堅実な手綱さばきにはファンの信頼も厚かった。そしてときには本命馬を破って人々を驚かせた。口笛を吹きながら、クールに。

30 田原成貴
遠い日の「玉三郎」

田原成貴（たばらせいき）という騎手は見る人によって色も形も変わる。

だれもが認める名騎手である。華のあるスタージョッキーだった。大きなけがをし、劇的な勝利もあった。その反面、事件やトラブルも多く、人騒がせな騎手だった。

何度か取材して感じたのは、感情の起伏の激しさである。なにに苛立っていたのか、意味もなく怒鳴られたときがあった。信じられないほど低姿勢で、サービス精神たっぷりに写真撮影に応じてくれたときもあった。感情が高ぶって涙する姿に唖然としたときもあった――。

どれがほんとうの田原の姿なのか、最後までわからなかった。ただ、それが田原成貴という人の魅力なのだろうとは思った。

だからこの稿は、一九八〇年代初頭の田原に魅了されながら、取材者となってからは距離を置いて見ていた同世代の男が書く、田原成貴という騎手の一面だと思って読んでいただければありがたい。

田原成貴は一九五九年一月十五日に島根県鹿足郡柿木村（現吉賀町）でうまれた。競馬には縁のない中国山地の小さな村で育った田原は、中学生のときにハイセイコーを知り、ダービーでハイセイコーを破ったタケホープの嶋田功の姿をとおして騎手という職業を志したのだという。

中学校を卒業した田原は馬事公苑の騎手養成所（長期課程）を経て、栗東トレーニングセンターの谷八郎厩舎に入門する。しかし、最初の騎手試験に失敗し、デビューは一九七八年三月、十九歳のときだった。

田原は一年めから輝いていた。デビュー戦で勝利し、勝ち星も二十八勝。アラブの重賞（タマツバキ記念・秋）にも勝ち、関西放送記者クラブ賞（新人賞）を受賞した。

二年めには六十三勝をあげて全国リーディングの二位となる。ダービー（九着ファイングッド）にも騎乗し、田原成貴の名前は関東のファンにも知られるようになっていた。

三年め。田原にとって忘れられない馬に出会う。グレートタイタンである。直線一気の追い込みで人気のあったシンザン産駒は、田原を乗せて京都記念・秋と阪神大賞典に勝ったが、一九八一年春の天皇賞に向けた調教中に心臓麻痺で急死してしまう。田原は『中央競馬騎手名鑑』のなかで「印象に残るこの一頭」としてグレートタイタンの名前をあげ、こんなふうに語っている。

〈一瞬の斬れ味は本当に凄かった。まるで天と地がひっくり返ったような脚で、乗っていて何とも言えない迫力を感じた。〉

たしかに、その後の田原の騎乗ぶりを見ると、グレートタイタンで感じた追い込みの快感を求めすぎていたように思われるときが多々あった。

デビュー五年めの一九八二年。良くも悪くも、田原成貴の名前をメジャーに押しあげたのがサルノキングだった。

二歳のときから関西にすばらしく強い馬がいると関東でも話題になっていたが、実際に見るサルノキングは強かった。噂どおりの、とてつもなく強い馬だった。東京四歳ステークスでは関東のエース、イーストボーイをこども扱いにし、弥生賞でもアサカシルバー、アスワンといった関東の精鋭をまったく寄せつけなかった。ここまで七戦六勝。三冠馬という声もきこえてきたスプリングステークスであの〝事件〟はおきた。

スローペースにもかかわらず離れた最後方を進んでいたサルノキングは、三コーナーあたりから急速にスピードアップし、四コーナーでは三番手まであがってくるのだが、ここで骨折し、四着に敗れる。三歳最強馬はクラシックを前に引退を余儀なくされた。

レース後、憶測や誤解をふくめて、様々な批判が田原に向けられた。東京四歳ステークス後のインタビューで「きょうは攻め馬（調教）、攻め馬」と軽口を叩いて記者たちの心証を悪くしていたこともあり、関東のスポーツ紙はここぞとばかりに田原の批判記事で埋まった。

当時、田原は自分の騎乗は間違っていないと主張して譲らなかったが、のちに、こう弁明している。

〈あれは、ボクのイメージ信仰過多が招いた凡レースなんです。〉（『優駿』一九八七年四月号）

若さゆえの言動が波紋をひろげながらも、田原は一直線にスタージョッキーへと駆けあがっていく。一九八三年には百四勝をあげて初のリーディングジョッキーに輝き、リードホーユーで有馬記念に勝った。翌年も百勝して二年連続でリーディングジョッキーとなり、ダイアナソロンで桜花賞、ハッピープログレスでＧＩに昇格したばかりの安田記念に勝っている。

思えば、このころが田原の絶頂期だった。

どことなく憂いをおびた端正な顔立ちに「競馬界の玉三郎」という愛称もうまれた。一九八四年にはシングルレコード『自由にさせてほしいのさ』をだし、中央競馬会主催の「有馬記念フェスティバル」では沢田研二を意識したような装いで歌を披露している。田原は、おなじ関西のホープ、河内洋とよく比較された。ひかえめな河内は馬に合わせて騎乗するホースマンならば、田原は自分のイメージに合わせてレースをつくるエンターテイナーだった。河内は競馬人やベテランファンから信頼されたが、田原は若いファンに絶大な人気を誇った。

しかし、一九八五、八六年と思わぬ不運に見舞われ、成績が落ち込む。八五年は前年に落馬した影響もあって騎乗数を減らし、四十七勝に終わった。宝塚記念では騎乗したステートジャガーから禁止薬物（カフェイン）が検出される事件に巻きこまれ、スダホークでは（八五年ダービー、菊花賞ともに二着）あとすこしのところでクラシックに手が届かなかった。

さらに八六年六月には中京競馬場の未勝利戦で落馬、うしろから来た馬に左脇腹を蹴られてしまう。左腎臓と脾臓を損傷する重傷だった。その日のうちに左腎臓を全摘出する手術がおこなわれた。レースに復帰するには半年以上のリハビリが必要と診断されたが、術後の経過も良く、リハビリも順調にいった田原は秋に復帰している。復帰当初はレース数を制限しながら乗っていたが、落馬前のような冴えは消えていた。田原の乗る馬は馬群を避けて怖々と外をまわっているように見えた。激しく追われていないようにも見えた。

そうした状態で迎えた一九八七年。マックスビューティという名牝が田原の前に現れる。走るときは首が高かったが、脚が長く上背のある、名前どおりにモデルのようにきれいなスタイルをした彼女は、速く強かった。

クラシックを前にマックスビューティの主戦となった田原は二度めの桜花賞に勝った。二着のコーセイに八馬身という大きな差をつけての優勝だった。マックスビューティはオークスも完勝する。三歳春の彼女は、前の年に〝三冠牝馬〟となったメジロラモーヌに勝るとも劣らない強さだった。

この年、田原は五十八勝で騎手成績は九位だった。しかし、マックスビューティの四勝を含む、七つの重賞に勝っている。

騎手生命さえ危ぶまれた落馬事故から華々しく復活した田原だが、以前のように多くは勝てなくなっていた。一九八九年に六十六勝をあげて騎手成績の八位になったが、これが最後のベストテン入りである。

一九九〇年代になると、ＪＲＡの競馬学校を卒業した騎手が活躍するようになっていた。松永幹夫や武豊など堅実で騎乗技術にもすぐれた若い世代に人気の面でも押され気味だったが、一九九三、九四年には六十一、六十二勝をあげ、騎手成績（全国）でも十一、十二位と気を吐いている。

そのころの田原のハイライトとなるのが一九九三年、トウカイテイオーの有馬記念である。前年の有馬記念（十一着）以来一年ぶりのレースで「奇跡の復活」と言われたトウカイテイオーの勝利に、田原は泣いた。ひさしぶりのビッグレース優勝に涙したのではなく、トウカイテイオーの頑張りに泣けてきたのだという。その姿を見た若いファンが「田原コール」をおくるなかで、涼しい顔で口取り写真に収まっていたトウカイテイオーの姿が強く印象に残る有馬記念だった。

三十歳代も半ばを過ぎると、さすがの田原もすこしずつ勝ち星が遠くなっていった。それでもワンダーパヒューム（一九九五年）とファイトガリバー（九六年）で桜花賞を連勝するなど、数よりも中身で勝負する騎手となっていた。

その一方で、本業以外でも注目を集めるようになっていた。競馬雑誌のエッセイ、競馬漫画の原作、そして趣味のバンド活動……。また、若手騎手をひきつれてメディアに登場したり、調教師や取材記者との確執が取りざたされるなど、負の話題も尽きなかった。田原らしい活動といえばそれまでだが、全盛期を知るファンとしては、〝場外〟の話ばかりが先行してしまうのは残念だった。

そんな田原の晩年を飾ってくれたのがマヤノトップガンである。オーナーはマックスビューティの田所祐（田所病院院長）で四つのＧＩに勝った。田原にとって最後の重賞勝ちになった一九九七年の天皇賞・春は、若いときに出会ったグレートタイタンを彷彿させる、直線一気の追い込みだった。

一九九八年二月、田原は三十九歳で引退する。通算千百十二勝、重賞は六十五勝。最後の三年二か月は九十六勝しかしていないが、重賞は十一勝、そのうちＧＩが八。引退間際にこれほど濃密な時間をおくった騎手はいない。

あとがき

年号が平成から令和にかわった二〇一九年の春、平成元年の競馬などについて数人の元騎手にインタビューする機会があった。すでに競馬界から身を引かれた方たちで、たっぷりと時間をとってくださった。取材のテーマのほかに、現在の競馬への憂いや騎手時代のエピソードなど、いつか書いてみたい話から活字にはできない話まで、皆さん自由に話をしてくれた。有意義な時間だった。

昭和の名騎手についてまとめてみようと思ったのは、それがきっかけだった。

材料はあった。二〇〇七年と〇八年に『優駿』誌に連載した「名ジョッキー列伝」、「続・名ジョッキー列伝」で、昭和に活躍した二十四名の騎手について書いていた。それに加筆修正を加え、あらたに六名の騎手を書き下ろした。

登場した騎手については明確な基準はない。千勝騎手（現在ならば千五百勝の価値があるだろうか）をはじめ、リーディングジョッキーやダービーや天皇賞など大レースに勝った名手たちから、勝ち星はすくなくても多くのファンに支持された騎手、昭和の競馬を語るうえで欠かせない騎手などである。

書き終えて、いくらかの心残りもある。あの騎手も書きたかった、この騎手も加えればよかったかな、という思いである。「あの騎手、この騎手」はどんどん広がった。ざっと名前をあげてみる（敬称略失礼）。

昭和二十年代から三十年代に活躍した騎手では、清田十一、八木沢勝美。さらにトキノミノルの岩下密政。そのあとにはメイズイ、ワイルドモアの森安重勝もいる。

わたしがファンとして見てきた時代になると、関東には蛯沢誠治、田村正光がいる。さらにホウヨウボーイ、シリウスシンボリの加藤和宏、障害最多勝の星野忍。関西ではトウメイ、テンメイの清水英次、ホクトボーイの久保敏文、ラフオンテース、バンブーアトラスの岩元市三。そして、ニチドウアラシやメジロデュレンの村本善之。関西のファンに怒られそうだが、これらの騎手たちについては、騎乗した馬の話とともに別の機会に書いてみたい。

最後になったが、『優駿』連載時には三好達彦さんに、書籍化にあたっては『名馬を読む』のシリーズをつくってくださった三賢社の林史郎さんにお世話になった。デザインもいつものように西俊章さん。皆さん、ありがとうございました。

二〇二〇年三月　競馬場で叫ぶ日を待ちながら。

江面弘也

おもな参考文献・資料

『優駿』（日本中央競馬会　各号）
『中央競馬騎手名鑑』（日本中央競馬会　各年度）
『成績広報』（日本中央競馬会　各年度）
『調教師の本　Ⅰ〜Ⅶ』中央競馬ピーアール・センター編（日本中央競馬会　一九九〇年〜二〇〇〇年）
『日本の騎手』中央競馬ピーアール・センター編（中央競馬ピーアール・センター　一九八一年）
『競馬ひとすじ　私と馬の六十年史』尾形藤吉（徳間書店　一九六七年）
『名馬づくり60年　藤本冨良　わが競馬人生』大島輝久、原良馬・構成（中央競馬ピーアール・センター　一九九一年）
『大川慶次郎回想録』大川慶次郎（角川文庫　二〇〇〇年）
『騎手物語』木村幸治（洋泉社　一九九八年）
『調教師物語』木村幸治（洋泉社　一九九七年）
『ナベ正の競馬戦術』渡辺正人（秋田書店　一九六七年）
『騎手からみた競馬必勝法』蛯名武五郎（実業之日本社　一九六二年）
『三冠騎手　吉永正人』井口民樹（朝日出版社　一九八六年）
『鍛えて最強馬をつくる』戸山為夫（情報センター出版局　一九九六年）
『夢無限』的場均（流星社　二〇〇一年）
『いつも土壇場だった　覚悟』田原成貴（講談社　一九九八年）
「伝説の名騎手たち」大島輝久（『優駿増刊号ＴＵＲＦ』日本中央競馬会　一九九一年）
「最年長騎手・大崎昭一　１０００勝への意地」井口民樹（『プーサン』ｖｏｌ．６　大村書店　一九九七年）

なお、引用した記事等については本文中に明記した。

本書は、『優駿』の連載「名ジョッキー列伝――栄光の1000勝騎手――」(二〇〇七年三月号から二〇〇八年二月号)および「続・名ジョッキー列伝――時代を彩った名手たち――」(二〇〇八年三月号から二〇〇九年二月号)に加筆修正のうえ、新たに六人を加えて構成した。

JASRAC 出 2003260-001

ブックデザイン：西 俊章

江面弘也　えづら・こうや

ノンフィクションライター。1960年、福島県生まれ。東京理科大学卒業後、(株)中央競馬ピーアール・センター入社。『優駿』の編集に携わったのちフリーに。著書に『名馬を読む』『名馬を読む２』(共に三賢社)、『「青年日本の歌」をうたう者　五・一五事件、三上卓海軍中尉の生涯』(中央公論新社)、『活字競馬に挑んだ二人の男』(ミデアム出版社)、『サラブレッド・ビジネス　ラムタラと日本競馬』(文春新書)など。

昭和の名騎手

2020年4月30日　第1刷発行

著者　江面弘也

発行者　林 良二
発行所　株式会社 三賢社
〒113-0021　東京都文京区本駒込4-27-2
電話　03-3824-6422
FAX　03-3824-6410
URL　http://www.sankenbook.co.jp

印刷・製本　中央精版印刷株式会社

ISBN978-4-908655-16-6 C0075

三賢社の本

名馬を読む 2

江面弘也 著

殿堂馬に負けないヒーロー、ヒロイン。

タニノチカラ、グリーングラス、カツラギエース、タマモクロス、ライスシャワー、ミホノブルボン、ホクトベガ、サイレンススズカ、アグネスタキオン、メイショウサムソン……。個性派も揃った、選ばれざる名馬 37 頭が紡ぐ至極の物語。

四六判上製 304P ＋カラー 10P
定価（本体 1700 円＋税）
ISBN978-4-908655-14-2